Ḫammurapi und das salische Recht.

Eine Rechtsvergleichung.

HAMMURAPI UND DAS SALISCHE RECHT

EINE RECHTSVERGLEICHUNG

VON

HANS FEHR
PROFESSOR IN JENA

BONN 1910
A. MARCUS & E. WEBER'S VERLAG

MEINER MUTTER

Vorwort.

Auf Zweck und Aufgabe dieser rechtsvergleichenden Studie mache ich im zweiten Kapitel des Büchleins aufmerksam.

Hier möchte ich nur eine methodische Rechtfertigung geben. Um eine scharfe Gegenüberstellung der beiden Rechtssysteme zu erzielen und um die Parallelen möglichst plastisch erscheinen zu lassen, habe ich, wo immer es anging, die Gesetze selbst reden lassen. Gibt es doch keine deutlichere Sprache als die der Quellen selbst. Deshalb machte ich von dem Abdruck babylonischer wie fränkischer Quellenstellen weitgehenden Gebrauch. Zugleich bezweckte ich damit die Möglichkeit einer leichteren, selbständigen Überprüfung der Ergebnisse. Den Assyriologen werden die fränkischen Rechtsdenkmale oft nicht leicht zugänglich sein, und nicht jeder Germanist wird den Codex Ḫammurapi oder gar die zahlreichen Urkunden babylonischen Rechtslebens gleich zur Hand haben. Eine ausgiebige Wiedergabe der Erkenntnisquellen halte ich gerade bei der Lösung rechtsvergleichender Probleme für durchaus geboten, viel ausgiebiger, als dies gewöhnlich der Fall ist.

Ich selbst, der Entzifferung der Keilschrift und der semitischen Sprachen nicht mächtig, mußte mir wiederholt Rat aus dem assyriologischen Lager holen. Und da möchte ich nicht versäumen, Herrn Professor Bezold in Heidelberg und ganz besonders Herrn Kollegen Ungnad für ihre liebenswürdige und reiche Unterstützung den herzlichsten Dank zu sagen.

Jena, im Juni 1910. **Hans Fehr.**

Inhaltsverzeichnis.

Erstes Kapitel.

Die Gegensätze.

I. Sechsundzwanzighundert Jahre liegen das älteste Gesetzbuch der Welt[1], das Gesetz des babylonischen Königs Ḫammurapi, und das älteste Gesetz deutschen Geistes, das Volksrecht der salischen Franken, auseinander[2].

1) Die sogenannten sumerischen Familiengesetze, welche den Codex Ḫammurapi an Alter übertreffen, sind kein Gesetzbuch im juristischen Sinne. Sie sind vielmehr Formeln für die semitischen Schreiber, um das Sumerische in den Urkunden richtig anzuwenden bezw. zu verstehen. (Gütige Mitteilung von Ungnad.) Über Sumerer und Semiten, namentlich auch über sumerische und semitische Sprache vergl. E. Meyer, Geschichte des Altertums[2] I, 2 S. 401, 407, 437 ff. u. 512.

2) Die Kodifikation Ḫammurapis kann auf ungefähr 2100 vor Christus angesetzt worden.

Ḫammurapi regierte ca. 2130—2088. So jetzt Ungnad in Altorientalische Texte und Bilder zum alten Testament B. I 1909 S. 103 Anm. 9. u. 140 Anm. 7; sowie Kohler-Ungnad, Ḫammurapis Gesetz B. III S. 1 Über die Datierung des salischen Volksrechtes herrscht gegenwärtig S. 1. Streit. Ich nehme mit Brunner ZRG. 29, 136 ff. die letzten Regierungsjahre Chlodwigs an (486—511). Neuerdings setzt Rietschel in ZRG. 30 S. 117 ff. die Entstehung des Grundtextes in die Zeit der Söhne Chlodwigs, Childeberts I und Chlothars I, zwischen 524 und 555. Wie die Polemik enden mag, ist vor endgültiger Klärung der Münzverhältnisse nicht abzusehen. Jedenfalls ist aber schon jetzt die Erkenntnis sehr wertvoll, daß zwischen der Entstehungszeit des ältesten geschriebenen salischen Rechts und der Entstehungszeit des gemeinsamen Grundtextes der Handschriften scharf geschieden wird.

Das älteste Denkmal germanischer Gesetzgebung, der Codex Euricianus, kann wegen seiner starken Beeinflussung durch das römische Recht nicht ein Gesetz deutschen Geistes genannt werden. Vergl. Brunner RG.[2] I, 487.

Riesige Länderstrecken und Meere scheiden das Land des Euphrat und Tigris vom Gebiete des Frankenkönigs Chlodwig, das sich zwischen Kohlenwald und Loire ausdehnte. Völkerschaften verschiedenster Rasse bewohnten diese Staaten: die Babylonier zählen zu den Semiten, die Franken zu den Germanen. Völlig ungleich sind Sprache, Religion und Wirtschaft hier und dort ausgestaltet. Ganz anders sind die Entwicklungsstufen, auf denen wir die Babylonier im dritten Jahrtausend vor Christi Geburt und die Salier um 500 nach Christus antreffen.

II. An der Spitze des Zweistromlandes steht ein gewaltiger König [1], mit ausgedehnter Herrschergewalt, ihm zur Seite eine mächtige Priesterschaft. Zahlreiche Urkunden beweisen das unmittelbare Eingreifen Ḫammurapis in die Heer- und Gerichtsverwaltung. Er gebietet über ein ausgebildetes Staatswesen und über ein Volk, das dem Stadium der reinen Naturalwirtschaft längst entwachsen ist, dessen Handwerk und Handel alle Lebenskreise durchdringt. Da gibt es Ärzte und Baumeister, Groß- und Kleinkaufleute, Bankiers und Lagerhalter, ja eine Art von Handelskompagnien hat sich bereits gebildet. Gesetzliche Tarife regeln die Arbeitslöhne. Der Arbeitsvertrag ist bekannt. Städte, durch Mauern und Tore befestigt, bilden den Mittelpunkt einer blühenden Verkehrswirtschaft und einer regen Industrie. Geld- und Kreditgeschäfte aller Art sind an der Tagesordnung. Das Getreide hat einen Kurswert. Der Zwischenhändler spielt eine große Rolle. Schuldscheine und Inhaberpapiere finden weitgehende Verwendung. Daneben blüht die Landwirtschaft in großen und kleinen Betrieben. Aber mitten durch all diese gepflegten

1) Über die Regierungszeit des Königs Ḫammurapi und seine emsige staatliche Tätigkeit vergl. E. Meyer in seiner Gesch. des Altert. [2] I, 2 S. 556ff.

Gebiete ziehen sich große Strecken Ödlandes, das noch der Urbarmachung harrt.

Intensiv wird der Boden ausgenutzt und bildet Gegenstand von Kauf und Tausch, von Verpfändung und Pacht. Namentlich die Tempel sind mit gewaltigen Gütermassen ausgestattet, was zur Folge hat, daß Priester und Priesterinnen tief in das Erwerbsleben der Bevölkerung eingreifen. Die Quellen aus Ḫammurapis Zeit geben ein Bild von Lebensverhältnissen, die trefflich geordnet und wohl befestigt erscheinen. Sie stehen im Zeichen einer alten Kultur[1].

III. Wie anders das Reich der Franken in ihrem Sallande zwischen der Loire und dem Kohlenwald[2]. Da ist es erst zur Ausbildung eines Volkskönigtums gekommen. Die Herrschergewalt ruht beim, Volke und nur Ansätze sind gegeben zur Entwicklung einer kräftigen Königsmacht[3]. Langsam erstarkt der Staat. Langsam geht der heidnische Glaube zurück, und langsam setzt sich an dessen Stelle das Christentum. Ein ungezähmtes, durch Wohlstand nicht gesättigtes Volk von Kriegern, Ackerbauern und Viehzüchtern sind diese salischen Franken. Nach dem System der Naturalwirtschaft ist alles eingerichtet. Eigentlicher Handel fehlt; von Geldgeschäften ist keine Rede. Es gibt keine Städte im Rechtssinne. Kaum als Wirtschaftszentren heben sie sich aus dem platten Lande heraus. Der Grundbesitz tritt überwiegend als Kleinbesitz auf. Nur der König und vielleicht wenige Vornehme sind In-

1) Über den gewaltigen Rückgang der Kultur in den Zeiten nach Ḫammurapi vergl. E. Meyer, Gesch. des Altert.[2] I, 2 S. 520.

2) Der Kohlenwald ist das Gebirge im Hennegau zwischen Sambre und Schelde.

3) Kennzeichned für die erstarkende fränkische Königsmacht ist z. B. die Norm in Lex Salica 56, daß das Gut des Friedlosen nicht an die Volksgenossenschaft, sondern an den König fällt.

haber von Grundherrschaften. Grund und Boden sind an die Familie gebunden, und noch kleben Spuren der alten Feldgemeinschaft ihm an.

Die Wege im Lande sind unsicher; fortwährende Kriege reißen den Mann von der Arbeit.

Aus solchen Verhältnissen heraus ist das salische Volksrecht geschaffen, oder besser gesagt, das salische Gewohnheitsrecht aufgezeichnet worden. So trägt es nicht den Stempel altbefestigter, reich entwickelter Rechts- und Wirtschaftsverhältnisse an sich, sondern ist der Spiegel eines Lebens, das sich erst nach langer Zeit, und unter Einwirkung römischer Kräfte, zu einer eigentlichen Kultur entfalten sollte.

Zweites Kapitel.

Die Aufgabe.

I. Größere Gegensätze, als die vorliegenden, wird die Geschichte kaum aufzuweisen haben. Deshalb erscheint eine Vergleichung der beiden Rechtssysteme nach einzelnen Richtungen hin wertvoll. Übereinstimmende Normen sollen im folgenden einander gegenüber gestellt werden.

Die bisherigen Rechtsvergleichungen gingen meistens von einem ganz anderen Gesichtspunkte aus, als die hier gegebene. Man versuchte bis dahin fast immer den Einfluß des einen Systems auf das andere darzutun und die Rezeption von Ideen des einen aus dem Rechte des anderen Volkes oder aus einer gemeinsamen Urquelle festzustellen. Ich nenne aus dem Gebiete des babylonischen Rechts nur das viel angegriffene [1] Werk von David Heinrich Müller, Die Gesetze Hammurabis und ihr Verhältnis zur mosaischen Gesetzgebung sowie zu den XII Tafeln, sowie die berühmte

1) Vergl. besonders Mitteis in ZRG. Rom. Abt. 25 S. 284 ff. (Das syrisch-römische Rechtsbuch und Hammurabi).

Abhandlung von Jeremias, Moses und Hammurabi, welch letztere das altarabische Recht als das Verbindungsglied zwischen dem jüdischen und babylonischen Rechte ansieht. Cohn freilich hat einen anderen Weg betreten. In einer Rektoratsrede von 1903 bespricht er die Eheverhältnisse bei Hammurabi und gestattet sich dabei „gelegentlich und zur Vergleichung einen Seitenblick auf die Familien- und Eheordnung des ältesten germanischen Rechts zu werfen“. Eine direkte Übertragung oder einen gemeinsamen Ursprung beider Rechte weist er zurück [1].

II. Ich wollte Ḫammurapis Gesetz nicht mit dem alten deutschen Rechte überhaupt vergleichen. Solche Vergleichungen haben leicht etwas Unpräzises, juristisch Unfaßbares. Vielmehr lag es in meiner Absicht, dem Kodex Ḫammurapi ein ganz bestimmtes deutsches Recht, das salische, gegenzuüberstellen und die übereinstimmenden Normen zu fixieren. Nur zur Ergänzung notwendiger Lücken nahm ich da und dort allgemeine deutsche Rechtsgedanken zu Hilfe. Dadurch ist der Untersuchung von Anfang an ein fester Boden gegeben und eine straffe Grenze gesetzt. Auf diese Weise lassen sich die Systeme gegeneinander juristisch scharf zuspitzen.

Auch lag mir daran, eine altdeutsche Gesetzgebung herauszugreifen, die mit geringen Ausnahmen nur deutsche Rechtsgedanken enthält und einem Lebenskreis entwachsen ist, der von römischer Art wenig weiß [2]. Die spärlichen

---

1) Hinweise auf Übereinstimmungen mit dem griechischen, römischen und deutschen Rechte finden sich bei Dareste in der Nouvelle Revue Historique 27 S. 5ff.

2) Das salische Volksrecht ist auch kein Gesetzbuch, welches für Franken und Römer gemeinsam gelten sollte.

Spuren römischen Einflusses trüben den deutschen Charakter des salischen Rechts nicht im geringsten.

III. Von babylonischen Quellen sind neben dem Kodex Ḫammurapi [1] ergänzend altbabylonische Urkunden und Briefe benutzt. Infolge der Beschränkung auf altbabylonisches Recht konnten leider die verdienstvollen Arbeiten von Kohler und Peiser: Aus dem babylonischen Rechtsleben kaum verwertet werden [2].

Neben der Lex Salica, die nach Geffcken oder Hessels zitiert ist, sind die älteren salischen Kapitularien, sowie einige Formeln und Urkunden herangezogen. Nur sehr selten wurden andere Quellen, etwa die Lex Ribuaria, ausgebeutet. Grundsätzlich vermied ich es, die Vergleichung auf die Rechte anderer Völker auszudehnen. In strenger Beschränkung auf babylonisches und salisches Recht widerstand ich der Verlockung den vergleichenden Faden auf weitere Rechtssysteme hinüberzuspinnen.

Drittes Kapitel.

Vergleichungen allgemeiner Natur.

§ 1. Die Gesetzestechnik.

I. Beide Gesetze enthalten überwiegend aufgezeichnetes Gewohnheitsrecht [3]. Einzelne Rechtssätze sind zur Zeit der Kodifikation bereits im Absterben begriffen, im

---

1) Ich folge im ganzen der Übersetzung von Ungnad in Altorient. Texte und Bilder zum alten Testament B. I S. 140—171.

2) Kohler und Peiser: Aus dem babylonischen Rechtsleben, 4 Hefte, enthaltend Urkunden hauptsächlich aus der Zeit Nebukadnezars, Nabonids, Kambyses, Cyrus und Darius.

3) Für das babylonische Recht vergl. KU. S. 261. Mit KU. wird hier und im folgenden der 3. Band von Ḫammurapis Gesetz, herausgegeben von Kohler und Ungnad 1909, abgekürzt. Auch Meyer, Gesch. des Altert. [2] I, 2 S. 514 ist der Ansicht, daß im Gesetzbuch Ḫammu-

salischen Recht z. B. die Rechtssätze über die chrene cruda [1], im babylonischen die Normen über den Kaufpreis, den der Bräutigam an den Vater der Braut zahlte [2]. Beide Gesetze enthalten keine vollständige Kodifikation. In der Lex Salica wiegen Straf- und Prozeßrecht, bei Ḫammurapi die Privatrechtssätze vor. Während aber im salischen Recht die einzelnen Normen systemlos aneinandergefügt sind, beobachtet Ḫammurapi eine gewisse, wenn auch keineswegs juristisch scharf durchgeführte Systematik [3]. Ungnad teilt das Gesetz in 12 Hauptteile und trifft damit im ganzen das Richtige.

II. Bemerkenswert ist nun aber, daß beide Gesetze im ganzen die nämliche Technik befolgen. Die meisten Rechtssätze sind kasuistischer Natur. Ein typischer Tatbestand ist herausgegriffen und daran die Rechtsfolge angeknüpft. So wiegt in beiden Gesetzen das Schema vor:

---

rapis die Rechtssätze „nicht etwas Neues sind, sondern das bestehende Recht abschließend zusammenfassen, wenn auch zweifellos mit vielen Modifikationen im einzelnen".

1) Vom Erdwurf (Tit. 58) ist in keiner späteren Quelle eine Spur mehr vorhanden.

2) Dies hat nachgewiesen Edouard Cuq, Le mariage à Babylon d'après les lois de Hammourabi, Paris 1905. Vergl. auch unten im Eherecht und KU. 261. Die Frage, wie weit wir im Gesetz Ḫammurapis eine Zusammenstellung von Rechtssätzen aus weit auseinanderliegenden Kulturperioden haben, wird wohl niemals mit Sicherheit gelöst werden. Daß der sumerische Einfluß sehr bedeutend war, steht heute fest. Meyer, Gesch. des Altert.² I, 2 S. 511 bemerkt: Es kann nicht zweifelhaft sein, daß dem abschließenden Gesetzbuche Ḫammurapis vielfache Aufzeichnungen von Rechtssätzen vorangegangen sind bis in die Zeiten der alten sumerischen Fürsten hinauf, von denen Urukagima von Lagaš bereits davon spricht, daß er die alten Ordnungen und das Wort des göttlichen Stadtkönigs Ningirsu d. h. die auf diesen zurückgeführten Rechtssätze wiedergestellt habe. Vergl. ebenda 568 und 570.

3) So mit guten Gründen neustens Kohler gegen Lyon, der eine völlig logische Gruppierung annimmt. KU. 221 f.

Wenn jemand das und das tut, so geschieht das und das. Sie klingen also an die Form des Weistums mit Frage und Antwort an[1].

Ferner überwiegt die knappe, oft lapidare Formulierung der Rechtssätze. Die abstrakte Fassung ist vermieden. Manche Normen zeigen ein sinnlich-plastisches Gepräge.

Beispiele.

Ḫ. 14: Wenn jemand den unerwachsenen Sohn eines andern stiehlt, so wird er getötet[2].

Ḫ. 22: Wenn jemand Raub begeht und ergriffen wird, so wird er getötet.

Lex Salica 10, 1. Si quis servo aut caballo vel iumentum furaverit MCC dinarios qui faciunt solidos XXX culpabilis judicetur.

11, 1: Si quis ingenuus de foris casa quod valit duos denarii furaverit, DC dinarios qui faciunt solidos XV culpabilis judicetur.

Für die sinnlich plastische Technik vergleiche man etwa Ḫ. 135 u. 192, und Lex Sal. Tit. 46 u. 58.

Schließlich sind beide Gesetze mit Prologen und Epilogen überliefert, in denen u. a. der Gesetzgeber bekannt gegeben und verherrlicht wird.

§ 2. Gottheit und Recht.

I. Das Recht ist nach der Auffassung beider Völker eine Friedensordnung. Um den Frieden im Lande auf-

---

1) Für das deutsche Recht vergl. Brunner, Rechtsgeschichte[2] I, 439.

2) Dieses Schema legt Winckler seiner Übersetzung zugrunde: Die Gesetze Hammurabis in Umschrift und Übersetzung 1904. Ungnad hat in seiner Übersetzung das Schema: Gesetzt jemand hat das und das getan, ein Schema, welches deshalb gewählt wurde, um das babylonische Tempus der Vergangenheit zum Ausdruck zu bringen.

recht zu erhalten und die Selbsthilfe einzudämmen, damit der Starke dem Schwachen nicht schade, sind die Gesetze erlassen.

Ḫammurapi, Epilog[1]: An meiner Brust hege ich die Einwohner des Landes Sumer und Akkad (Babylonien), in meinem Schutz habe ich sie ihre Tätigkeit in Frieden ausüben lassen, in meiner Weisheit sie geborgen. Daß der Starke dem Schwachen nicht schade, um Waisen und Witwen zu sichern, in Babylon, der Stadt Anus und Bels ihr Haupt zu erheben, in (E-)Sagil, dem Tempel, dessen Fundamente feststehen wie Himmel und Erde, das Recht des Landes zu sprechen, die Streitfragen zu entscheiden, die Schäden zu heilen, habe ich meine kostbaren Worte auf meinen Denkstein geschrieben, vor meinem Bildnisse, als des Königs der Gerechtigkeit aufgestellt.

Lex Sal. Prolog II: Placuit atque convenit inter Francos atque eorum proceribus ut pro *servandum inter se pacis studium* omnia incrementa rixarum resecare deberent, ita etiam eos legale auctoritate praecellerent, ut iuxta *qualitatem causarum sumerent criminales actiones* (terminum).

II. Der Mensch jedoch ist nicht fähig sich diese Friedensordnung selbst zu geben. Das Recht ist göttlicher Natur[2]. Nur mit Hilfe der Gottheit wird ihm das Recht zuteil. Der menschliche Gesetzgeber leiht sein Ohr der göttlichen Offenbarung, und unter göttlicher Inspiration schafft er das Gesetz. Er ist nur das Mittel, durch welches der göttliche Strom des Rechts dem Volke zufließt.

Im babylonischen Staate ist der König der berufene

---

1) Winckler, S. 75.

2) Über die Auffassung vom göttlichen Ursprung des Rechts in der Thora Israels vergl. Oettli, Das Gesetzbuch Hammurabi und die Thora Israels, 1903, S. 84.

Vermittler. Ḫammurapi, Epilog[1]: Die großen Götter haben mich berufen, ich bin der Heil bringende Hirte (Herrscher), dessen Stab (Zepter) gerade (gerecht) ist .... Auf Befehl des Shamash, des großen Richters von Himmel und Erde, soll die Gerechtigkeit im Lande aufgehen, auf Geheiß Marduks, meines Herrn, soll meinem Denkmal Zerstörung nicht widerfahren .... Hammurabi, der König der Gerechtigkeit, dem Šamaš das Recht geschenkt hat, bin ich[2].

Im fränkischen Volksstaate ist das Volk selbst der Gesetzgeber. Daher berichtet der erste Prolog zur Lex, daß vier auserwählte Männer unter göttlicher Führung (inspirante Deo) das Gesetz aufrichteten[3].

III. Aber mit der Aufrichtung des Gesetzgebungswerkes ist der Einfluß der Gottheit auf das Recht nicht zu Ende. Das Recht als eine göttliche Institution steht unter dauerndem Schutze der Gottheit. Die Gottheit will Gerechtigkeit auf Erden und verlangt nach einer wirklichen Durchsetzung des gesetzten Rechts. Daher ist die Gottheit fähig und gewillt, jeden Augenblick in das Rechtsleben der Menschen einzugreifen und ihnen in zweifelhaften Fällen das Recht zu weisen.

Auf dieser Idee[4] aufbauend, kennen beide Gesetze die Gottesurteile als prozessuale Beweismittel. Unter bestimmten Voraussetzungen soll die Gottheit durch ein

---

1) Winckler 75. Vergl. auch die Bemerkung E. Meyers, G. des Alt.[2] I, 2, S. 523e wonach nach einer sumrischen Anschauung die Götter am Neujahrstage auf dem Götterberg das Geschick der Staaten und der Könige festsetzen und dann durch Zeichen kundgeben. Siehe auch S. 512.

2) Winckler 77. Vergl. auch bei Ungnad den Schluß des Prologs (S. 143).

3) Geffken S. 95.

4) Diese Idee halte ich fest trotz aller Angriffe gegen die ausschließlich sakrale Natur der Ordalien.

Zeichen den Unschuldigen vor Strafe oder Schaden bewahren, den Schuldigen diesen Übeln unterwerfen. Das Prinzip ist in beiden Rechtssystemen dasselbe, nur die Äußerung ist eine verschiedenartige.

Ḫammurapi erwähnt nur ein Gottesurteil, die Wassertauche, die auch dem spätern fränkischen Rechte bekannt war. Sie wird als prinzipales Beweismittel verwendet.

Ḫ. 2[1]. Gesetzt, jemand hat einen anderen in den Verdacht der Zauberei gebracht, jedoch es nicht der Wahrheit gemäß getan, so wird der, auf dem der Verdacht der Zauberei liegt, zum Stromgott gehen, er wird in den „Stromgott" eintauchen, und dann wird — gesetzt, der Stromgott hat ihn erreicht, — der, der ihn bezichtigt hat, sein Haus davontragen; gesetzt, den Betreffenden hat der Stromgott für unschuldig erklärt, und er ist deshalb unversehrt geblieben, so wird der, der ihn in den Verdacht der Zauberei gebracht hat, getötet; der, der in den „Stromgott" eingetaucht ist, wird das Haus dessen, der ihn bezichtigt hat, davontragen.

Ḫ. 132. Gesetzt, auf die Ehefrau jemandes ist wegen eines anderen Mannes der Finger ausgestreckt worden, ohne daß sie dabei ertappt worden ist, wie sie bei (VI r) einem anderen Manne ruhte, so soll sie für ihren Ehemann in den „Strom(gott)" eintauchen.

1) Ungnad S. 143. Nach der Übersetzung von Ungnad bleibt es zweifelhaft, ob der Beweis geglückt war, wenn der Beweisführer untertauchte oder oben schwamm. Nach der Übersetzung von Winckler war der oben Schwimmende unschuldig. Dies würde der älteren deutschen Auffassung, welche den Untertauchenden als Sieger erklärte, wiedersprechen. Grimm, R. A. No. 924f. zeigt aber, daß in jüngeren Weistümern auch die Anschauung überliefert ist: der Schuldige sinkt, der Unschuldige schwebt empor. Die Wasserprobe ist in fränkischen Quellen durch ein Capitulare Ludwigs I. von 829 überliefert und dort als ein längst bekanntes Beweismittel angeführt. Grimm, R. A. No. 923.

Es ist kennzeichnend für die babylonische Anschauung von Gottheit und Recht, daß der Stromgott als der unmittelbar Handelnde angesehen wird: der Stromgott erreicht den Beweisführer, der Stromgott erklärt ihn für unschuldig oder schuldig.

Das salische Recht überliefert drei Arten von Gottesurteilen, den Kesselfang, der als Feuer-, nicht als Wasserurteil anzusehen ist, das Loosordal und den Zweikampf. Es gibt den Ordalien eine viel weitere Ausdehnung, namentlich dem Kesselfang, der als prinzipales, wie als subsidiäres Beweismittel auftritt[1].

Dagegen ist die unmittelbare Bezugnahme auf die Gottheit im Gesetz selbst nicht ausgesprochen.

Es ist aber kein Zweifel, daß zur Zeit der Abfassung der Lex Salica diese Beweismittel die Natur von Gottesurteilen besaßen.

IIII. Auch der Eid weist auf die innige Verbindung von Gottheit und Recht hin. Der Eid ist eine Verfluchung des Schwörenden. Den Meineidigen straft die Gottheit an dem Gegenstande, welcher zum Pfande durch den Schwur eingesetzt wird[2].

Der Kodex Hammurapi und namentlich die Urkunden sind sehr reich an Angaben über den Eid. Nicht nur im Prozesse, sondern bei vielen Geschäften des täglichen Lebens kommt der Eid zur Anwendung. Vor allem wird geschworen beim Gott der babylonischen Könige, Šamaš,

---

1) Beispiele für Kesselfang Lex Salica 19, 1, und 53; für Loosurteil Cap. VII, 5 f., 10 und 11; für Zweikampf 93, und Extravag. B. IV.

2) Wenn v. Amira, Grundriß des germanischen Rechts[2] S. 104 bemerkt, daß noch öfter als die Gottheit Sachen (Waffen, Schiff, Roß etc.) beschworen wurden, so sehe ich darin nur die Gegenstände, welche zum Pfand für die Wahrheit des Schwures eingesetzt, also für den Fall des Meineids der göttlichen Vernichtung ausgesetzt wurden.

dem Hauptgott von Sippar, sowie beim König selbst. Schwurort ist der Tempel. Bsp. Ḫ. 20 und KU. No. 372[1].

Auch das salische Recht gibt dem Eide eine ausgedehnte Anwendung[2]. Es verwendet ihn vorzüglich als Treueid[3] sowie als Partei- und Zeugeneid im Prozesse. Die geringe Bestrafung des Meineides mit 15 Schillingen (Tit. 48) kann befriedigend nur aus der Anschauung erklärt werden, daß der Schwörende im Fall der Unwahrheit in erster Linie der Rache der verletzten Gottheit ausgesetzt war[4].

§ 3. Die Gesamthaftung.

I. Wir lernten das Recht kennen als eine Friedensordnung, die von der Gottheit den Menschen gegeben ist. Träger dieser Rechtsordnung als einer Friedensordnung ist die Gesamtheit. Der einzelne Volksgenosse nimmt nicht als Einzelwesen, sondern als Glied der Volksgenossenschaft Anteil an der Friedensordnung. Er ist nicht auf sich selbst gestellt, sondern abhängig vom Ganzen. Er kann sich nicht selbst den Frieden sichern; dies ist Aufgabe der Volksgenossenschaft. Die Volksgenossenschaft gewährleistet dem Einzelnen den Rechtsfrieden. Darin besteht ihre oberste staatliche Aufgabe. Als Friedensgenossenschaft schützt sie den Einzelnen gegen Missetaten. Sie verbürgt sich gleichsam für die

1) In No. 371, 453 und 478 sind Verfluchungen enthalten.

2) Eine fränkische Schwurformel bei Zeumer, Formulae S. 154, No. 31.

3) Vergl. Brunner, RG.[1] II, 62.

4) Vergl. Geffcken S. 189, und Brunner in der Abh. v. Mommsen, Zum ältesten Strafrecht der Kulturvölker, 1905, S. 54. Die von Brunner gemachte Bemerkung, die Wirkung des Fluches im Falle des Meineides brauche nicht gerade der Zorn der Götter zu sein, erledigt sich durch das S. 12, Anm. 2 gegen v. Amira Gesagte.

Erhaltung des Rechtsfriedens jedem Einzelnen gegenüber. Aus dieser Friedensbürgschaft folgt ihre Gesamthaftung. Wird der Friede am Einzelnen verletzt, erleidet er durch den Friedensbruch Schaden, so hat sie für diesen Friedensbruch einzustehen. Die Umstände, unter denen ihre Haftung hervortritt, sind bei den einzelnen[1] Völkern ganz verschieden. Bald haftet die Genossenschaft dem Verletzten unmittelbar, bald nur subsidiär, wenn der Täter nicht ermittelt und von ihm Genugtuung nicht erlangt werden kann usw.

Diese genossenschaftliche Gesamthaftung findet sich bei den Babyloniern, wie bei den Franken.

II. Innerhalb der großen Friedensgenossenschaft, des Volkes besteht noch ein kleinerer Verband, der auch Friedensverband ist. Seine Organisation beruht nicht auf bürgerlicher, sondern auf verwandtschaftlicher Grundlage. Diese engere Friedensgenossenschaft ist die Familie[2]. Sie ist der durch Ehe- und Blutbande zusammengehaltene Kreis.

Auch hier ist der Einzelne nur als Mitglied der Genossenschaft Teilhaber am Frieden. Der Familien- oder Sippefrieden umfängt den Einzelnen als Famlienglied. Der Familienverband ist befähigt und verpflichtet, dem Einzelnen den Frieden zu wahren. Aus dieser Friedensgarantie folgt die Gesamthaftung die Familie. Auch sie ist beiden Rechtssystemen bekannt.

---

1) Für die starke Ausbreitung des Prinzips der Gesamthaftung vgl. Dareste in seinen Studien Serie III (1906) S. 7 Anm. 1. Für das israelitische Recht Oettli, Das Gesetz Ḫammurabis und die Thora Israels (1903). Belege für das mährische, tschechische, indische, malaische und tartarische Recht bei J. Makarewicz, Einführung in die Philosophie des Strafrechts 1906, S. 309ff. Über Friedensbürgschaft siehe Rietschel in ZRG. 28, 392.

2) Daß der Friedensverband der Sippe älter ist als der der Volksgenossenschaft, ist allgemein anerkannt.

III. Die genossenschaftliche Haftung begegnet uns im babylonischen wie im salischen Rechtsgebiete als Gemeindehaftung. Mag diese Gemeinde als Dorfgemeinde oder als Polizeigemeinde hervortreten, so ruht ihre Gesamthaftung doch immer auf einer bürgerlichen und nachbarlichen Basis. Die Volksgenossen in ihren hundertfältigen nachbarlichen Wechselbeziehungen stehen für den Friedensbruch ein.

In Ḫ. 22—24 heißt es: Gesetzt, jemand hat einen Raub verübt und ist darauf gefaßt worden, so wird der Betreffende getötet. Gesetzt, der Räuber ist nicht gefaßt worden, so soll der Beraubte das, was ihm abhanden gekommen ist, vor einem Gotte genau angeben; dann werden die Ortschaft und der Polizeipräfekt, in deren Bezirk oder Gebiet der Raub stattgefunden hat, das, was ihm abhanden gekommen ist, ihm ersetzen. Gesetzt, (es handelt sich um) ein Leben, so werden die Ortschaft und der Polizeipräfekt 1 Mine Silber seinen Angehörigen darwägen.

Für Sachraub wie für Menschenraub haftet demnach die Gemeinde[1], in deren Gebiet die Tat verübt, sofern der Täter nicht ergriffen worden ist. Der verantwortliche

---

1) Nach der Übersetzung von Winckler ist eine Gesamthaftung durch die Gemeinde auch in Ḫ. 256 gegeben. In 255 ist gesagt, daß der ungetreue Gutsverwalter gerichtlich überführt und für 10 Gan 60 Gur Getreide zahlen soll. Dann fährt 256 fort: „Wenn seine Gemeinde (Gau) nicht für ihn einzutreten (zu zahlen) vermag, so soll man ihn auf jenem Felde (Landgut) beim Vieh lassen." Damit wäre die Haftung der Gemeinde für einen ungetreuen, insolventen Gutsverwalter normiert. Eine so weitgehende Gesamthaftung ist höchst unwahrscheinlich. Die Übersetzung Ungnads ist daher vorzuziehen: „Gesetzt, er ist nicht imstande, seiner Verpflichtung nachzukommen, so wird man ihn auf dem betreffenden Felde mittels des Rindviehs in Stücke reißen."

Beamte, der Polizeipräfekt, wird als Mithaftender ausdrücklich hervorgehoben.

Im deutschen Rechte begegnet uns die Gesamthaftung zuerst im dritten Capitulare zur Lex Salica, welches lautet (Cap. 1):

De hominem inter duas villas occisum.

Sic ut adsolet homo iuxta villa aut inter duas villas proximas sibi vicinas fuerit interfectus, ut homicida illa non appareat, sic debet iudex, h. e. comis aut grafio, ad loco accedere et ibi cornu sonare debet. Et si non venerit qui corpus cognoscat, tunc vicini illi in quorum campo vel exitum corpus inventum est debent facere bargo V pedes in altum et praesentia iudicis levare corpus. Et debet iudex nuntiare et dicere: homo iste in vestro agro vel in vestibulum est occisus. Contestor ut usque septem noctes non reponatur, et de homicidium istud vos admallo ut in mallo proximo veniatis et vobis de lege dicatur quod observare debeatis. Tunc vicini illi quibus muntiatur a iudice ante XL noctes qui meliores sunt cum sexaginos quinos se exuant quod nec occidissent nec sciant qui occidissent. Minoflidis vero quinos dinos uiratores donent. Qui ut superius diximus, id est qui iurant, si istud ante XL noctes non fecerint, noverint se persona mortui satisfacere. Si vero iurant quod superius diximus et se per sacramentum idoniaverint, nulla conpositio eis requiratur.

Hier werden also die Genossen zweier Dorfgemeinden der Gesamthaftung für die Tötung eines Menschen unterstellt. Da die Tötung außerhalb eines umfriedeten Dorfbezirks[1] erfolgte, wird auch die benachbarte Dorfgemeinde für die Tat verantwortlich gemacht. Können sich die

1) Der Fall der Auffindung eines Erschlagenen im Felde, dessen Mörder unbekannt ist, im Deuteronomion (David Heinrich Müller a. a. O. 92).

geladenen Dorfgenossen nicht freischwören (quod nec occidissent nec sciant qui occidissent), so haften sie für das Wergeld des Erschlagenen.

Der zweite Fall der Gesamthaftung ist enthalten in dem bekannten Pactum pro tenore pacis c. 9 (Decretus Chlothario): Decretum est, ut qui vigilias constitutas nocturnas furis non caperent, eo quod per diversa intercedente conludio scelera sua praetermissa custodias exercerent, centenas fieri. In cuius centena aliquod perierit, capitalem qui eum perdiderat recipiat. Et latro insequatur, vel si in alterius centena apparet, deduxerint. Et pro hoc admonitus si neglexerit quinos solidos condempnetur. Capitalem tamen hac centena illa accipiat absque dubio, hoc est de secunda vel tertia, si vestigius conprobatur. Latronis tamen presentia aut longe multandus, et si sequens latronem suum conprehenderit, integram sibi conpositione recipiat; quod si per truste invenitur, medietate conpositionis trustis adquirat et capitale exigant ad latrone.

Nach diesem Dekret wird eine besondere Gemeindegliederung in Hundertschaften geschaffen, oder wahrscheinlich, um mit Waitz zu sprechen, wird „die fränkische Organisation der Hunderten nun für den Zweck der Rechtssicherung allgemeiner durchgeführt“ [1].

Die fränkische Hundertschaftsgemeinde hat dem Bestohlenen, sofern der Dieb nicht festgehalten werden kann, Ersatz für das Gestohlene zu leisten. Sie muß den fliehenden Dieb verfolgen und kann sich gegebenenfalls an der Nachbargemeinde, in welche der Dieb geflohen, erholen [2].

---

1) V.G. II 1, S. 399 Anm. 2. Für eine Hundertschaftskasse in England vergl. v. Schwerin in ZRG. 29, 286, Anm. 3.

2) Auch die fränkische Centene hatte an ihrer Spitze einen Mann, der die Verfolgung leiten und vielleicht ähnlich, wie der baby-

Wie treffen demnach in den beiden Rechtssystemen wichtige gemeinsame Züge an. Bei den Babyloniern wie bei den Franken besteht eine Haftung der Gemeinde für Diebstahl. Die Gemeindegenossen verbürgen sich die Rechtssicherheit, woraus ihre Pflicht erwächst, den Dieb zu verfolgen, um ihm die Sache abzujagen und ihn zur Verantwortung zu ziehen. Wird der Dieb nicht eingebracht und erhält der Bestohlene seine Sache nicht zurück, so tritt die Gesamthaftung ein. Diese Gesamthaftung ist Erfolgshaftung. Selbst wenn die Gemeinde beweist, daß sie alles getan hat, um den Dieb einzubringen, ist ihre Haftung gegeben, wenn der Erfolg — Rückgabe der Sache an den Bestohlenen — nicht erzielt wurde.

Neben diese Haftung für die Sicherheit des Eigentums tritt die Haftung der Gemeinde für die Person, eine Norm, die freilich im einzelnen sehr verschiedenartig zum Ausdruck gelangt ist, wie die zitierten Quellen zeigen. Aber immerhin ist auch hier ein gemeinsamer Gedanke wahrnehmbar: Erfolgshaftung der Gemeindegenossen bei Verletzung der Integrität der Person. Ḫammurapi führt einen Fall verletzter Freiheit, das salische Recht einen Fall der Tötung an.

IIII. Die Haftung im engeren Kreise, die Familienhaftung, kennt Ḫammurapi als Vermögens- und Personenhaftung.

Nach Ḫ. 9 gilt der Verkäufer einer abhanden gekommenen Sache, der vom Entwerten überführt wird, als Dieb. „Er wird getötet; der Eigentümer des abhanden gekommenen Stückes wird sein abhanden gekommenes Stück

---

lonische Polizeipräfekt, besonders einstehen mußte: den Centenarius. Vergl. Brunner, RG.[1] II S. 148 Anm. 39, und Capit. VII, cap. 16: Centenarii inter communes provintias licentiam habeant latrones sequi vel vestigia adsignata minare . . . .

nehmen; der Käufer wird aus dem Hause des Verkäufers das Geld, das er dargewogen hat, nehmen", sagt der Schluß von Ḫ. 9.

Und Ḫ. 12 lautet: Gesetzt, der Verkäufer ist verstorben, so darf der Käufer aus dem Hause des Verkäufers die Streitsumme des betreffenden Prozesses 5-fach nehmen.

Das Haus ist die Hausgenossenschaft, die Familie, welche in Gemeinderschaft lebte, wie später näher gezeigt wird. Der entwerte redliche Käufer der abhanden gekommenen Sache darf sich also an die Familie des Diebes halten [1]. Sie haftet für Eviktionen und, wenn der diebliche Verkäufer gestorben ist, also nicht mehr getötet werden kann, für die Zahlung einer Summe, welche den fünffachen Wert des Streitgegenstandes ausmacht [2].

Daneben besteht kraft des Talionsprinzipes eine Gesamthaftung der Kinder für Missetaten der Eltern. Ḫ. 210 und 230. Kraft der Personalhaftung [3] treten die Kinder mit ihrem Leben für ihre Eltern ein. Da dem fränkischen Recht der Talionsgedanke fremd ist, findet sich eine Parallele dazu nicht.

Das salische Recht weist aber die Gesamthaftung ebenfalls als Personal- und Vermögenshaftung auf, wenn auch in ganz anderer Form als Ḫammurapi. Nach Tit. 58 [4] konnte der insolvente Totschläger durch eine solenne Rechtshandlung, den Erdwurf, seine näheren und entfernteren Verwandten haftbar machen für die Zahlung des Vergeldes an die Sippe des Getöteten. Jeder hatte nach

1) Näheres darüber in § 2 des vierten Kapitels.

2) Eine gewundene Erklärung dieser Summe bei D. H. Müller, a. a. O. S. 82ff.

3) Eine solche Haftung auch in Ḫ. 116.

4) Darüber neuerdings Planitz in: Die Entwicklung der Vermögensvollstreckung im salfränkischen Rechte 53ff. S. 42 Anm. 64 richtet er sich gegen meine Ausführungen über die chrene cruda.

Kräften beizusteuern, um die Preisgabe des Täters an die feindliche Familie zu verhindern. Die Gesamthaftung der Familie besteht also hier nicht dem Verletzten, sondern dem Verletzer gegenüber[1]. Die Sippe gewährt auch ihrem verbrecherischen Mitgliede den Frieden und haftet kraft ihrer Friedensbürgschaft mit ihrem Vermögen.

Neben dieser Vermögenshaftung kennt das salische Recht die Pflicht zur Blutrache, welche Personalhaftung ist. Die Familienmitglieder müssen mit ihrer Person für die Durchführung der Blutrache an dem Täter und seiner Sippe einstehen. Andererseits können die angegriffenen Sippeglieder ihre Genossen zur Verteidigung heranziehen[2].

Ergibt sich somit eine sehr verschiedenartige Ausprägung des Haftungsgedankens hier und dort, so kann doch eine gemeinsame Grundlage für die babylonische, wie für die fränkische Familienhaftung fixiert werden: der Familienverband haftet mit Vermögen oder Person für gewisse Missetaten seiner Glieder.

§ 4. Das Prinzip der Offenkundigkeit.

I. Das Prinzip der Offenkundigkeit ist der Ausfluß des Gedankens, daß das innere Rechtsmoment gegenüber der äußerlich erkennbaren Rechtsform zurücktritt[3]. Das Recht knüpft an gewisse äußere Momente und an den durch diese hervorgerufenen Rechtsschein an. Bis dieser Rechtsschein gebrochen ist, gilt er als Recht. Gewisse Rechtshandlungen und Rechtszustände müssen sich dem-

---

1) Vergl. Capitulare VII, 2 (Pactus pro tenore pacis), wo aber eine Zahlungspflicht der Sippe nicht normiert ist.

2) Für die Blutrache als Geschlechterfehde vergl. Brunner[2] I 223 f.

3) So ähnlich Herbert Meyer in seiner Abhandlung über das Publizitätsprinzip im deutschen bürgerlichen Recht in Fischers Abh. zum Privatrecht und Zivilprozeß B. 28, Heft 2, S. 84.

nach an Vorgänge anlehnen, die allen Volksgenossen äußerlich erkennbar sind. Was gehört oder gesehen werden kann, besteht zu Recht. Die Sinnlichkeit des Rechts erlangt darin ihre vollste Ausprägung. „Daß dieses Publizitätsprinzip in seinem innersten Kern nicht Selbstzweck, sondern Mittel zum Zweck objektiver Gerechtigkeit ist", hat jüngst Herbert Meyer ausgeführt[1].

II. Beide Rechtssysteme kennen diese Idee der Offenkundigkeit in weiter Ausdehnung. Sie tritt im babylonischen Rechte in drei Grundtypen entgegen:

1. Rechtsgeschäfte werden offenkundig gemacht durch Zuziehung von Zeugen, die beim Geschäftsabschluß anwesend sind. Die mannigfachsten Rechtsgeschäfte sind als solch offenkundige genannt: Kauf, auch Immobiliarkauf, Tausch, Miets- bezw. Pachtverträge, Adoptionen, Freilassungen etc. Die von Daiches und Schorr gesammelten altbabylonischen Rechtsurkunden bieten eine Fülle von Belegen. Hier seien beispielsweise nur ein Kaufvertrag über ein Grundstück und eine Freilassungsurkunde angeführt.

Daiches[2], No. 5, S. 39 aus der Zeit Zabums. 14 Gan Feldes auf dem jenseitigen Ufer in der oberen Flur von Tenunam neben Qaranum, dem Sohne des E-gal, und neben Ni-Ni-midi, dessen eine Front nach dem Wege nach Aštaba und dessen andere Front nach der Bewässerungsanlage des Gefildes von Tenunam liegt, hat von Nannar-idinna und Sin-bani, seinem Bruder, den Söhnen des Sin-abušu, Ilušu-bani gekauft und seinen vollen Preis in Geld bezahlt. Den .... - Stab hat man hinübergehen lassen; sein Vertrag ist fertig. Das Geld als der Preis

1) a. a. O. 85ff.

2) Samuel Daiches, Altbabylonische Rechtsurkunden aus der Zeit der Hammurabi-Dynastie, in Leipziger Semitische Studien, I 2.

ihres Feldes ist vollständig bezahlt; sie sind befriedigt. „Wir haben das Geld nicht empfangen“ sollen sie nicht sprechen. Vor ihren Zeugen haben sie (das Geld) empfangen. Niemals sollen Nannar-idinna und Sin-bani wegen des Feldes prozessieren. Bei Šamaš, Marduk und Zabium schwuren sie. — Wenn ihre Brüder oder ihre Schwestern, die Kinder des Sin-abušu, klagen werden, so haben Nannar-idinna und Sin-bani für den Schaden aufzukommen.

Vor Ilu-pidima, dem Sohne des Martubani. Vor Nannar, dem Sohne des Sin-nasir. Vor Sin-rimeni, dem Sohne des Išme-Sin. Vor Nannar, dem Priester, dem Sohne des Sin-idinnam. Vor Munaverum. Vor Sin-bēl-itāni. Vor Sin-ublam. Vor Nannar-idinna. Vor Ubar-Ninib, dem Schreiber. Vor Sin-eribam.

Ferner Schorr[1] No. 39 S. 104 aus der Zeit Hammurapis. Kal. Kal-mubalit ist der Sohn der Aja-dâmikat. Aja-dâmikat, die Šamašpriesterin, die Tochter des Ilušu-ibišu, seine Mutter hat ihn freigelassen. Gegen den Sonnenaufgang hat er sein Antlitz gerichtet.

Wenn Kal. Kal-mubalit, solange Aja-dâmikat lebt, sie unterhalten wird, so soll niemand jemals irgendeinen Anspruch gegen Kal. Kal-mubalit haben.

Er ist freigelassen. Von den Kindern des Ilušu-ibišu und den Kindern des Bur-Nunu soll keines gegen ihn Klage erheben.

Bei Šamaš, Aja, Marduk und Hammurabi haben sie geschworen.

14 Zeugen (2 Frauen).

Im Jahre der Stadt Rabiku.

Für einen vor Zeugen geschlossenen Mietsvertrag vergl. Schorr No. 74 S. 175; Pachtvertrag No. 50—52

1) Altbabylonische Rechtsurkunden aus der Zeit der ersten babylonischen Dynastie. Sitzungsb. der Wiener Akad., Wien 1907.

S. 122—126; Darlehensvertrag No. 58 S. 137; Tauschgeschäft No. 48 S. 119; Stiftungsgeschäft No. 3 S. 16; Adoptionsvertrag No. 43 S. 110; Erbteilungsvertrag No. 47 S. 118; Paternitätserklärung No. 23 S. 71. Für die Offenkundigkeit des Verwahrungsvertrages Ḫ. 122—124 und besonders streng Ḫ. 7.

Während bei diesen Rechtsgeschäften eine doppelte Publizität vorliegt, indem das Geschäft vor Zeugen geschlossen und eine Urkunde darüber ausgestellt wurde, zeigt sich beim Kaufgeschäft von Mobilien in der Regel nur die Offenkundigkeit in der Zuziehung von Zeugen [1]. Es wird sich später bei der Darstellung des Eigentumsprozesses ergeben, daß nur ein öffentlicher Kauf, d. h. ein Kauf vor Zeugen, die sichere Grundlage für den Eigentumsübergang bildete. Der Kauf ohne Zeugen war ein gefährlicher Kauf. Er machte den Käufer eventuell zum Dieb.

2. Eine besondere Form der Offenkundigkeit mußte bei der Auflassung von Grundstücken beobachtet werden. Die zahlreichen von Daiches gesammelten Urkunden enthalten fast alle [2] das Schema: „der volle Preis ist in Geld bezahlt. Den Stab hat man hinübergehen lassen. Der Vertrag ist fertig". Die Auflassung war demnach erst perfekt, wenn eine Partei der andern einen Stab [3]

1) Meißner, Aus dem altbabylonischen Privatrecht S. 8 (in: Der alte Orient, 7. Jhrg., Heft I, 1905) bringt eine Urkunde über den Kauf eines Rindes. Meißner selbst bezeichnet dies aber als Ausnahme. Für Sklavenkaufverträge, die nach dem Muster von Grundstücksverträgen abgefaßt sind, vergl. Daiches a. a. O. S. 79 ff.

2) Ausnahme z. B. No. 14 S. 63. Die in No. 24 S. 87 erwähnte Stabreichung war notwendig nicht wegen des Rindes, sondern wegen der Sklavin. Kaufgeschäfte über Sklaven wurden, wie bereits oben bemerkt, den Grundstücksverkäufen gleich geachtet. Vergl. die vielen Beispiele bei Daiches a. a. O. S. 79 ff.

3) Die Übersetzung von bukannu als Stab ist freilich nicht gesichert.

übergeben hatte. Die Stabreichung war die symbolische Handlung, durch welche das Rechtsgeschäft in besonderer Weise kundbar gemacht wurde[1].

3. Die Babylonier kennen die Kundbarmachung durch Zeichen. Ein äußerlich sichtbares Zeichen gibt einer Sache eine bestimmte rechtliche Eigenschaft. Mit solchen Zeichen wurden die Sklaven versehen.

Ḫ. 226. Gesetzt, ein Malschneider hat ohne Erlaubnis des Herrn eines Sklaven das Mal eines unverkäuflichen (?) Sklaven eingeschnitten, so wird man dem betreffenden Malschneider die Hand abschneiden.

Ḫ. 227. Gesetzt, jemand hat den Malschneider belogen (?), so daß er das Mal eines unverkäuflichen (?) Sklaven eingeschnitten hat, so wird man den Betreffenden töten und ihn dann in seinem Hauseingange verscharren; der Malschneider soll schwören: „Wissentlich habe ich nicht eingeschnitten" und daraufhin unbehelligt gelassen werden.

Dazu eine Urkunde aus der Zeit des Großvaters von Ḫammurapi, Abil-Sinn: Wofern Šamaš-tukulti zu Mati-ilum, seinem Vater, „Nicht (bist Du) mein Vater" sagt, oder wofern er zu Erištum, seiner Mutter, „Nicht (bist Du) meine Mutter" sagt, werden sie ihn marken und für Geld weggeben[2].

Die Sklavenmarke trat also in doppelter Gestalt auf. Die eine Marke stempelte den Unfreien zu einer verkäuflichen Sache, die andere zu einem unveräußerlichen Sklaven[3], Im letzteren Falle wurde durch das Zeichen

1) Daß sich in der Kundbarmachung allein der Zweck der Stabreichung erschöpfte, soll damit nicht behauptet werden.

2) KU. No. 14 S. 8. Vergl. § 1 der sumerischen Familiengesetze (Winckler S. 85) und KU. No. 19 S. 10. Dazu auch No. 24.

3) Ḫ. 146 kennt ein Sklavenmal einer unverkäuflichen Sklavin. Z. f. Assyriologie 18, S. 220 (Daiches) wird ein eingeprägtes Mal eines ridū ša sābē angeführt.

die Zugehörigkeit zu einem bestimmten Haushalt offenkundig gemacht. Es liegt eine Art Hausmarke vor. D. H. Müller hat wohl recht, wenn er sagt, die Eigenschaft der Unverkäuflichkeit sei besonders anhänglichen Sklaven beigelegt worden, die ihr Herr begünstigen wollte[1]. Beide Arten von Marken machten die Sklaveneigenschaft eines Menschen nach außen hin publik.

Es ist sehr kennzeichnend für die Publizitätswirkung der Marke der Unverkäuflichkeit, daß der Malschneider, der sie ohne Erlaubnis des Herrn einschnitt, mit der harten Strafe des Handabschneidens bestraft wurde. Der Sklave, der die Marke trug, hatte eben offenkundig den Rechtsschein einer unverkäuflichen Sache an sich, mochte ihm in Wirklichkeit sein Herr diese Eigenschaft beigelegt haben oder nicht.

Außer den Sklaven trug auch das Vieh eine Marke (Ḫ. 265).

III. Im deutschen Rechte war bekanntlich das Prinzip der Offenkundigkeit im weitesten und schärfsten Sinne ausgeprägt. Das Publizitätsprinzip stellte, wie im babylonischen Rechte, einen Grundpfeiler der ganzen Rechtsordnung dar. Hebert Meyer hat den Versuch gemacht, dies Prinzip durch das deutsche Recht hindurch bis in das neue bürgerliche Gesetzbuch hinein zu verfolgen, und es sei für alle Einzelheiten auf diese Abhandlung verwiesen[2].

Fragen wir nun nach den Übereinstimmungen des fränkischen Rechts mit dem babylonischen Recht, so finden wir die drei besprochenen Grundtypen auch bei den Saliern.

---

1) a. a. O. 158.
2) Die S. 20 Anm. 3 zitierte Schrift von Meyer.

1. Das häufigste Rechtsgeschäft, der Kauf, mußte offenkundig sein. Da es zur Zeit der Abfassung der Lex Salica ein Rechtsgeschäft mit Immobilien grundsätzlich noch nicht gab, so fällt zunächst nur der Verkauf fahrender Habe in Betracht. Tit. 47 gibt darüber Aufschluß. War eine bewegliche Sache abhanden gekommen, so durfte der entwerte Besitzer, der sie später in der Hand eines Dritten antraf, sie diesem Dritten in einem Prozesse abstreiten. Der gegenwärtige Besitzer mußte seinen Gewährsmann, von dem er die Sache erworben hatte, herbeibringen, dieser wiederum seinen Vormann usw. Blieb nun ein solcher Gewährsmann, auf den man sich berufen wollte, aus, so geschah folgendes: tunc ille qui cum eum negotiavit mittat tres testes, quomodo ei nunciasset ut ad placitum veniret et alteros tres quod publicae ab eo negociasset. Istud si fecerit exuit se de latrocinio.

Der beklagte Dritte oder ein erschienener Gewähre mußte demnach seinen kundbaren, vor drei Zeugen abgeschlossenen Kauf dartun und reinigte sich damit vom Vorwurf des Diebstahls. War der Kauf ein heimlicher, d. h. nicht vor Zeugen vorgenommener gewesen, so galt der Erwerber der Sache als Dieb, ein Gedanke, der vollkommen mit dem babylonischen übereinstimmt.

Als dann im Verlaufe des sechsten Jahrhunderts eine Übertragung von Immobilien möglich wurde, erfolgte diese Auflassung in offenkundigster, feierlichster Form. Auch das aus dem römischen Rechte rezipierte Urkundenwesen gewann gerade auf diesem Gebiete einen starken Einfluß. Bekanntlich ist das deutsche Geweresystem auf diese Offenkundigkeit des dinglichen Rechts aufgebaut.

Was andere Rechtsgeschäfte anlangt, so waren auch sie, wie im babylonischen Rechte, vom Publizitätsprinzip beherrscht. Aus der Lex Salica seien hervorgehoben: die

Adoption, die in solenner Weise vor Zeugen und Richter, ja in ihrem Schlußakte vor dem ganzen Volke vor sich ging (Tit. 46); das Rechtsgeschäft, das der Wiederheirat einer Witwe vorausgehen mußte (Tit. 45), und dasjenige der Entsippung (Tit. 60), welch letztere beide in öffentlicher Gerichtsversammlung auszuführen waren.

2. Übereinstimmend mit Ḫammurapi weist das fränkische Recht die Verwendung eines Traditionssymboles bei Rechtsgeschäften auf. Das Symbol heißt festuca und ist höchst wahrscheinlich mit Stab zu übersetzen.

Die Bedeutung des Stabes in der germanischen Rechtssymbolik ist jetzt durch die klassische Abhandlung v. Amiras[1] aufs gründlichste festgestellt worden[2]. Der Tit. 46 der Lex (de adfathamire) kennt das Werfen der festuca in der Weise, daß der Veräußerer seiner Habe[3] dem Empfänger derselben den Stab in den Schoß wirft. Wir haben also, wie im babylonischen Rechte, ein zweiseitiges Rechtsgeschäft vor uns, welches durch die Form

---

1) Abh. der Kgl. Bayr. Ak. der Wiss., Philos. phil. u. hist. Klasse B. 25, Abh. I, 1909.

2) Eine vorzügliche, leider viel zu wenig beachtete Abhandlung über Szepter und Zauberstab gibt G. Gerland in Nord und Süd, Aprilheft 1902, S. 50—68. Mit Material aus der Geschichte aller Völker geht er der Bedeutung des Stabes auf den Grund. Der Stab ist ihm ein heiliger Stab, ein Tabu-Stab, der überall von den Göttern stammt. Er stellt die Verkörperung eines Gottes dar oder eines göttlichen Wesens, und zwar vornehmlich die Verkörperung des Schutzgeistes des betreffenden Trägers. Dieser Urtypus des Stabes läßt sich mit babylonischen wie fränkischen Ideen wohl vereinigen.

3) Daß sich darunter auch Grundstücke befinden können, ist anzunehmen. Es ist dies dann aber der einzige Fall einer Grundstücksveräußerung zur Zeit der Abfassung der Lex. Daß in Tit. 58 ein Immobiliarrechtsgeschäft nicht vorliegt, habe ich in ZRG. 27 zu beweisen versucht.

des Stabüberganges kundbar gemacht werden sollte[1]. In Babylon wurde der Stab gereicht, in Franken geworfen. Aber v. Amira sieht im Überreichen nur eine Abschwächung des Werfens und führt aus, „daß die Riten des Darreichens des Hinlegens, des Zuwerfens und des Wegwerfens eines Stabes eine zusammengehörige Gruppe bilden, deren primärer Vertreter das Wegwerfen ist“[2]. Auch zeigt er, daß in den meisten Rechtsgebieten schon seit dem Frühmittelalter die festuca nur noch überreicht wurde. Daß sie gerade bei Grundstücksauflassungen häufig Verwendung fand, ist längst bekannt[3].

3. Auch die Marken, die den Rechtsverhältnissen eine besondere Kundbarkeit beilegten, finden sich im salischen Recht. Wie die Babylonier ihre Sklaven und ihr Vieh mit Zeichen versahen, so kennzeichneten die Franken gewisse Tiere und Bäume mit Marken. Es waren dies Hausmarken, welche die Zugehörigkeit des Objekts zu bestimmten Personen publik machten. Beispiel Tit. 9, 1 (6 § 2): Si quis animalem aut iumentum in furto puncxerit (Glosse) denarios DC qui faciunt solidos XV culpabilis iudicetur, excepto capitale et delatura. Der Dieb durchlochte also hier das Ohr des Tieres, d. h. er schnitt ihm seine Hausmarke ein und legte ihm damit den Rechtsschein seines Eigentums bei. Wurde dieser Rechtsschein gebrochen, so verfiel er in die Buße von 15 Schillingen[4].

---

1) Dieses Moment der Kundbarmachung scheint mir v. Amira a. a. O. zu wenig betont zu haben.

2) a. a. O. S. 149.

3) Beispiele bei v. Amira a. a. O. S. 148. Für den Gebrauch des Stabes in anderem Zusammenhange, so z. B. als Bettelstab in Lex Sal. 58 oder als Bürgenstab (Edictum Chilperici [6]), vergl. ebenda S. 15 u. 156.

4) Vergl. Lex Sal. 27, 18, Marke an Bäumen, und 33, 2, Marke am Jagdhirsch.

Das Anbringen der Hausmarke an Sklaven ist für das fränkische Recht nicht bezeugt[1]. Im übrigen aber spielte die Kundbarmachung des Eigentums durch das Mittel der Hausmarke im deutschen Recht eine hervorragende Rolle.

§ 5. Die Erfolgshaftung.

I. Nahe verwandt mit dem Prinzip der Offenkundigkeit ist die Erfolgshaftung. Auch bei dieser knüpft das Recht an ein äußerliches Moment, den sinnlich wahrnehmbaren Erfolg an. Das Schuldmoment, als das innerliche Moment, tritt zurück hinter der äußeren Hülle der Tat. Diese allein wird vom Recht ergriffen und an sie eine bestimmte Rechtsfolge angeschlossen. Man haftet nicht, weil man verschuldet, sondern weil man diesen oder jenen Erfolg veranlaßt hat. Es ist das Prinzip der ausgleichenden Gerechtigkeit, nach welchem der Urheber eines Schadens ihn zu bessern hat[2]. Diese Erfolgshaftung läßt sich bei Babyloniern und Franken nachweisen.

II. 1. Die Erfolgshaftung im babylonischen Zivilrecht ist uns bereits bei der Gesamthaftung entgegengetreten. Die babylonische Gemeinde haftete für die gestohlene Sache oder den geraubten Menschen, wenn der fliehende Täter nicht gefaßt werden konnte, gleichgültig ob die Volksgenossen dabei alles getan hatten, um ihn festzunehmen oder nicht. Zwei weitere Beispiele einer solchen zivilen Haftung seien hier noch angeführt.

Ḫ. 219. Gesetzt, ein Arzt hat eine schwere Verletzung dem Sklaven eines Ministerialen mittels des bronzenen

---

1) Bei den Hebräern waren die Sklaven im Ohr durchlocht Exodus 21, 6. Vergl. weitere Beispiele für die Verwendung von Marken bei Rauch, Spurfolge und Anefang in ihren Wechselwirkungen (1908) 44 Anm. 3.

2) So Gierke bei H. Meyer a. a. O. S. 92.

Operationsmessers (?) beigebracht und dadurch seinen Tod veranlaßt, so soll er Sklaven für Sklaven ersetzen.

Der Arzt haftet also schlechterdings für den unglücklichen Ausgang der Operation und hat den dadurch angerichteten Schaden zu ersetzen.

Ḫ.240. Gesetzt, ein stromaufwärts fahrendes Schiff hat ein (mit der Strömung) dahinziehendes Schiff angerannt und dadurch zum Sinken gebracht, so soll der Eigentümer des Schiffes, dessen Schiff gesunken ist, dasjenige, was in seinem Schiffe abhanden gekommen ist, vor einem Gotte genau angeben; dann soll der (Schiffer) des stromaufwärts fahrenden Schiffes, der das (mit der Strömung) dahinziehende Schiff zum Sinken gebracht hat, sein Schiff und das, was ihm abhanden gekommen ist, ihm ersetzen.

Auch in diesem Falle ist eine Exkulpationsmöglichkeit im Gesetz nicht vorgesehen[1]. Der aufwärtsfahrende Schiffer hat Ersatz zu leisten.

2. Dieses Prinzip der zivilen Erfolgshaftung ist nun aber in so vielen Fällen durchbrochen, daß es nicht mehr als das herrschende angesehen werden kann. Das Verschuldungsprinzip ist ebenbürtig an die Seite des Erfolgsprinzips getreten.

Beispiele Ḫ.244 und 245.

244. Gesetzt, jemand hat ein Rind (oder) einen Esel gemietet, und dann hat auf dem Felde ein Löwe das (Tier) getötet, so ist dies Sache seines Eigentümers.

245. Gesetzt, jemand hat ein Rind gemietet, und dann hat er durch Nachlässigkeit oder auch durch Prügel den Tod (des Tieres) veranlaßt, so soll er Rind für Rind dem Eigentümer des Rindes ersetzen.

---

1) Einen Fall von Erfolgshaftung in § 7 der sumerischen Familiengesetze (Winckler S. 87): Haftung für Sklaven.

Ferner Ḫ. 55 und 56.

55. Gesetzt, jemand hat seinen Graben zur Bewässerung aufgetan, ist (aber) nachlässig gewesen, so daß er verschuldet hat, daß das Wasser das Feld seines Nachbarn fortgerissen hat, so soll er Getreide entsprechend seinem Nachbarn darmessen.

56. Gesetzt, jemand hat sein Wasser so aufgetan, daß er verschuldet hat, daß das Wasser ertragfähiges Land seines Nachbarn fortgerissen hat, so wird er pro Gan 10 Kur Getreide darmessen.

Endlich Ḫ. 249 und 266.

249. Gesetzt, jemand hat ein Rind gemietet, darauf hat ein Gott es geschlagen, so daß es gestorben ist, so soll der Betreffende, der das Rind gemietet hat, bei einem Gott schwören und daraufhin unbehelligt gelassen werden.

266. Gesetzt, in einer Viehhürde ist eine „göttliche Berührung“ eingetreten oder ein Löwe hat gemordet, so soll der Hirt vor einem Gotte einen Reinigungseid leisten, dann soll den in der Hürde entstandenen Schaden der Eigentümer der Hürde ihm abnehmen.

Die Beispiele ließen sich leicht vermehren.

Das Schuldmoment, wie das Zufallsmoment haben demnach Berücksichtigung gefunden. Neben der Erfolgshaftung gilt der Satz: der Nachweis des Zufalls und das Fehlen eines Verschuldens schließen die Schadenersatzpflicht aus.

3. Das Strafrecht steht auf ähnlicher Entwicklungsstufe. Auch hier finden sich beide Prinzipien. Der Begriff der absichtslosen Missetat tritt bereits stark in den Vordergrund. Aber eine Reihe von Normen deutet darauf hin, daß das Hauptmerkmal des Verbrechens in dem Erfolge gesucht wird. Dafür sprechen folgende Beispiele.

Ḫ. 196—207.

196. Gesetzt, jemand hat einem Angehörigen des Patrizierstandes ein Auge zerstört, so wird man ihm ein Auge zerstören.

197. Gesetzt, er hat jemandem einen Knochen gebrochen, so wird man ihm einen Knochen brechen.

198. Gesetzt, er hat einem Ministerialen ein Auge zerstört oder einem Ministerialen einen Knochen gebrochen, so soll er eine Mine Silber darwägen.

199. Gesetzt, er hat jemandes Sklaven ein Auge zerstört oder jemandes Sklaven einen Knochen gebrochen, so soll er die Hälfte seines Wertes darwägen.

200. Gesetzt, jemand hat einer ihm gleichstehenden Person Zähne ausgeschlagen, so wird man ihm Zähne ausschlagen.

201. Gesetzt, er hat einem Ministerialen Zähne ausgeschlagen, so soll er 1/3 Mine Silber darwägen.

202. Gesetzt, jemand hat eine Person, die vornehmer ist als er, auf die Backe geschlagen, so wird man ihm öffentlich mit dem Ochsenziemer sechzig Schläge geben.

203. Gesetzt, ein Angehöriger des Patrizierstandes hat einen Angehörigen des Patrizierstandes, der wie er ist, auf die Backe geschlagen, so soll er 1 Mine Silber darwägen.

204. Gesetzt, ein Ministeriale hat einen Ministerialen auf die Backe geschlagen, so soll er 10 Sekel Silber darwägen.

205. Gesetzt, jemandes Sklave hat einen Angehörigen des Patrizierstandes auf die Backe geschlagen, so wird man ihm das Ohr abschneiden.

206. Gesetzt, jemand hat einen andern bei einer Schlägerei geschlagen und ihm dabei eine Verletzung zugefügt, so soll der Betreffende schwören: „Wissentlich

habe ich ihn nicht geschlagen“, auch soll er den Arzt begleichen.

207. Gesetzt, er ist infolge seines Schlagens gestorben, so soll er schwören; dann soll er — gesetzt, es war ein Angehöriger des Patrizierstandes — 1/2 Mine Silber darwägen.

Gerade die in 206 und 207 hervorgehobene Exkulpationsmöglichkeit im Falle der Schlägerei scheint mir darauf hinzudeuten, daß im allgemeinen da, wo ein Strafausschließungsgrund nicht aufgeführt war, auch bei Ungefährwerken voll gehaftet wurde [1].

Ḫ. 229 und 230 [2].

229. Gesetzt, ein Maurermeister hat jemandem ein Haus gebaut, jedoch sein Werk so wenig fest gemacht, daß das Haus, das er gebaut, eingestürzt ist und hat auf diese Weise den Tod des Hauseigentümers veranlaßt, so wird der betreffende Maurermeister getötet.

230. Gesetzt, er hat den Tod eines Kindes des Hauseigentümers veranlaßt, so wird man ein Kind des betreffenden Maurermeisters töten.

Ḫ. 218. Gesetzt, ein Arzt hat jemandem eine schwere Verletzung mittels des bronzenen Operationsmessers (?) beigebracht und dadurch den Tod des Betreffenden veranlaßt, oder er hat jemandes Tränenfistel (?) mittels des bronzenen Operationsmessers (?) geöffnet und dadurch das Auge des Betreffenden zerstört, so wird man ihm die Hand abschneiden.

Auch diese Fälle stehen grundsätzlich auf dem Boden des Erfolgsprinzipes.

---

1) Auch Stoss, in Schweiz. Z. f. Strafrecht sieht im Erfolge das Schwergewicht bei den Verbrechen. Vergl. B XVI in seinem Aufsatze über das babylonische Strafrecht S. 1 ff.

2) Vergl. dazu 224 und 225.

Daneben lassen sich nun aber leicht Beispiele dafür beibringen, daß die ungewollte Tat straflos blieb oder doch milder bestraft wurde. Schon H. 206 und 207 waren hierher zu ziehen.

Ferner: H. 227 oben S. 24 und H. 250 und 251.

250. Gesetzt, ein Rind hat, während es die Straße entlang ging, jemanden so gestoßen, daß es seinen Tod veranlaßt hat, so entstehen daraus keinerlei rechtliche Ansprüche.

251. Gesetzt, jemandes Rind ist stößig und hat ihm (dem Eigentümer) seinen Fehler, daß es nämlich stößig ist, bereits gezeigt, er hat jedoch ihm die Hörner nicht gestutzt (?) (und) sein Rind nicht fest angebunden, und dann hat das betreffende Rind einen Angehörigen des Patrizierstandes so gestoßen, daß es seinen Tod veranlaßt hat, so soll er 1/2 Mine Silber geben.

III. 1. Es unterliegt keinem Zweifel, daß das gesamte altdeutsche Recht vom Grundsatze der Erfolgshaftung ausgeht. Eine Scheidung in zivile und strafrechtliche Verantwortlichkeit ist für das alte fränkische Recht nicht zu ziehen, ebensowenig wie die Scheidung in Zivil- und Strafprozeß. Der Grundsatz hieß: der objektive Erfolg der Tat wird gemessen und dem Täter zugeschrieben [1].

Aber — und darin liegt das Übereinstimmende mit dem babylonischen Rechtssystem — dieser Grundsatz war bereits in vielen und wichtigen Beziehungen durchbrochen. Trotz der viel einfacheren Rechts- und Kulturverhältnisse, unter denen die Franken im Vergleich zu den Babyloniern standen, war auch im salischen Recht die Idee durchgedrungen, daß die gewollte und ungewollte Tat einer verschiedenen Behandlung würdig sei. Die reine Erfolgs-

1) Vergl. Heusler, Inst. II, 262 ff.; Wilda, Strafrecht 547; Brunner, RG [1] II, 544 ff.

haftung beginnt dem Verschuldungsprinzipe seinen gebührenden Platz einzuräumen. Aber die Erfolgshaftung scheint im ganzen — und darin ruht das Unterscheidende zu Ḫammurapi — doch noch das herrschende Prinzip gewesen zu sein. Noch gilt grundsätzlich der Satz: die Tat tötet den Mann.

Einige Beispiele aus dem salischen Recht mögen die Durchbrechung dieses Grundsatzes beweisen.

Lex Sal. 24, 5. Si vero puer infra XII annos aliqua culpa committat, fretus ei nullatenus requiratur.

Der Unmündige hat kein Friedensgeld zu entrichten. Ein verbrecherischer Wille wurde bei ihm nicht angenommen. Seine Tat galt als Ungefährwerk. Daher entfiel der fredus.

Lex Sal. 35, 5 (Cod. 5 ff.): Si servus alienus aut laetus hominem ingenuum occiderit, ipse homicida pro medietatem conpositionis illius hominis occisi parentibus tradatur, et dominus servi aliam medietatem conpositionis se noverit solviturum et si intellegerit de lege, potest se obmallare ut hoc non solvat.

Um die Absichtslosigkeit der Missetat festzustellen, hatte der Herr einen sogenannten Gefährdeeid zu schwören. Dieser Eid, sowie die Preisgabe des Knechtes befreite ihn von weiterer Haftung [1].

Die Abweichung vom reinen Erfolgsystem zeigt sich namentlich auch darin, daß die Rechtsordnung begann, das versuchte Verbrechen anders zu behandeln als das vollendete. Zwar geht das Frankenrecht von der grundsätzlichen Straflosigkeit des Versuches aus. Aber es kennt einige typische Fälle als besondere Versuchsverbrechen.

1) Ähnliche Beispiele Lex Sal. 36, Cod. 5—10 und Edict. Chilp. c. 5. In 9 § 8 (Cod. 2) wird der böse Wille vorausgesetzt (per superbia). In § 3 fällt die „negligentia" des Täters in Betracht.

Lex Sal. 19, 2. Si quis alteri malificium fecerit et ille cui factum fuerit evaserit, auctor sceleris qui hoc admississe probatur [mal. artifugiam h. e.] MMD dinarios qui faciunt solidos LXII cum dimidio culpabilis iudicetur.

Die Bereitung des Zaubertranks ist typisches Versuchsdelikt und wird mit 62½ Sol. bestraft[1].

IIII. So zeigen das babylonische und das salische Recht in diesen Ideen wichtige Übereinstimmungen. Sie verwerten beide ein äußerliches Moment — den Erfolg — und ein innerliches Moment — die Schuld — zum Aufbau ihres Rechtssystems. Sie huldigen nicht einem einheitlichen Prinzip, sondern einem Dualismus, dessen Elemente in den beiden Gesetzen ungleich stark hervortreten. Sie ringen beide um die Verinnerlichung des Rechts. Sie befinden sich beide in einem Übergangsstadium, indem sie dem subjektiven Prinzip neben dem roheren objektiven die entsprechende Geltung zu verschaffen suchen. Und die Babylonier waren auf diesem Wege weiter als die Franken.

Viertes Kapitel.

Vergleichungen aus dem Privatrecht.

§ 1. Das Eigentum.

I. Der Eigentumsbegriff im Sinne der vollen Sachherrschaft ist in beiden Rechtssystemen fest ausgebildet. Er umfaßt nicht nur Rechtsobjekte im heutigen Sinne, sondern auch einen Teil der Menschen, die Sklaven. Der Sklave gilt als Sache[2] und ist als solcher Gegenstand des Verkehrs. Dennoch fehlt ihm, wie sich später zeigen wird, die Persönlichkeit nicht ganz.

---

1) Vergl. ferner 19, 1 (10) und 41, 9. Dazu Schröder, RG.[5] 361.

2) Beide Gesetze stellen ihn mit den Tieren zusammen. Vergl. Ḫ. 7 und Lex Sal. 10, 1.

II. Die Babylonier, wie die Franken unterscheiden scharf zwischen beweglichen und unbeweglichen Sachen. Die Babylonier zählten dazu Grundstücke und die auf ihnen angesiedelten Unfreien, sowie die Häuser[1]. Sie kannten also die Klasse der glebae adscripti, welche in der erschwerten Form der Grundstücksübereignung veräußert werden mußten. Zahlreiche Urkunden geben darüber Gewißheit[2].

Die Franken kamen im Laufe der Zeit ebenfalls dazu — neben den Grundstücken — die angesiedelten Unfreien (servi casati) zu den Immobilien zu rechnen[3] und ihre Veräußerung den Grundsätzen des Immobiliarsachenrechts zu unterwerfen. Die Häuser dagegen, die in der Regel transportabel und aus Holz waren, galten als bewegliche Habe[4].

Unbewegliches Gut und Fahrnis schieden sich u. a. in der Art des Erwerbes. Es galt der Grundsatz: bewegliche Sachen werden offenkundig (vor Zeugen) durch unfeierliche Übergabe, Immobilien werden offenkundig (vor Zeugen) und mittels eines solennen Übertragungsaktes erworben.

Für das babylonische Recht sei auf die S. 21 f. angeführte Urkunde verwiesen. Sie stammt aus der Sammlung von Daiches[5], aus der wir als das regelmäßige Schema

1) Für die Rechtsnatur der Häuser als Immobilien vergl. Daiches a. a. O. S. 47 No. 8 und S. 50 No. 9. Freilich kommt auch unfeierliche Übertragungsart vor, wie für Mobilien z. B. S. 50 Schluß von No. 9.

2) Daiches a. a. O. S. 81 ff.

3) Brunner, RG.[2] I, 370 setzt meines Erachtens die Entwicklung zu spät an, wenn er die zweite Hälfte des 8. Jahrhunderts annimmt. Zweifel auch bei Meyer a. a. O. 18.

4) Vergl. Lex Sal. 27, XI (casam trahere). Gierke, DPR., II 9.

5) Vergl. jetzt auch die U. bei KU.: No. 242—255; 257—272; 284—286; 288; 292; 293—296; 309; 310; 369; 371—399; 402—404; 417; 420; 421; 423; 424; 427 und 428.

bei Übertragung von Immobilien das folgende entnehmen können.

1. Benennung und Beschreibung des Kaufgegenstandes.

2. Benennung des Verkäufers und Käufers, die den Kauf abgeschlossen haben.

3. Erwähnung des bezahlten oder nicht bezahlten Kaufpreises [1].

4. Erwähnung der Stabreichung.

5. Erwähnung, daß der Vertrag (richtiger wohl das Geschäft) fertig sei [2].

6. Prozeßklausel [3].

7. Beschwörung des Aktes.

8. Zeugenliste.

Daraus ergibt sich, daß neben dem Veräußerungsgeschäft ein symbolischer Übertragungsakt vorgenommen werden mußte, um den Übergang der Immobilie aus der Hand des Veräußerers in die Hand des Erwerbers perfekt zu machen. Durch die Stabreichung [4] wurde jedenfalls

---

1) Weitaus die Regel ist, daß der Kaufpreis bar bezahlt wurde. Ausnahmen z. B. Daiches S. 30 No. 3 und S. 87 No. 24. KU., S. 240, nimmt an, daß das Eigentum erst mit Zahlung des Kaufpreises überging.

2) In der neuen Urkundenserie Kohler-Ungnad (U. No. 776 ff.), die mir gütigst in den Aushängebogen zur Verfügung gestellt wurde, übersetzt Ungnad: die Verhandlung darüber ist beendet; z. B. in 934 f. Das bedeutet eben den völlig fertigen Geschäftsabschluß.

3) Häufig die Wendung: „Zu allen Zeiten soll keiner gegen den anderen Einspruch erheben.“

4) Daß die Übersetzung von bukannu als Stab nicht feststeht, ist oben bereits erwähnt worden. Nach einer freundlichen Mitteilung von Prof. Bezold ging aber auf alle Fälle ein Gegenstand von einer Hand in die andere über. Ungnad übersetzt: den Bukannu hat man weitergegeben. Kohler vermutet im Bukannu einen Stab mit Zauberformeln. Er macht darauf aufmerksam, daß der Bukannu in den Urkunden aus Warka nicht erwähnt und allgemein in der Regierungs-

die Übertragung symbolisiert. Mit der Stabreichung war die Übertragung vollendet. Die übrigen Rechtshandlungen dienten zur Befestigung und Kundbarmachung des Geschäftes.

Bei fahrender Habe fielen diese Solennitäten fort. Zum Erwerbe genügte Übergabe der Sache, die durch Zeugen befestigt und kundbar gemacht wurde[1].

Zur Zeit der Abfassung der Lex Salica kannten wahrscheinlich die Franken ein Immobiliarrechtsgeschäft noch nicht[2]. Als sie im Laufe des sechsten Jahrhunderts dazu gelangten, finden wir auch bei ihnen, wie bei den Babyloniern, das Geschäft in zwei Teile zerlegt, in das eigentliche Veräußerungsgeschäft (sala) und in die Rechtsakte, welche den Besitzübergang darstellten (investitura). Bei letzterem wanderten ebenfalls Gegenstände, welche die Übertragung symbolisierten, aus der Hand des Veräußerers in die Hand des Erwerbers. Es lag also hier und dort das Bedürfnis vor, die Übergabe, die sich „nicht wie die einer beweglichen Sache in nackter Tatsächlichkeit durch handhafte Tradition vollziehen läßt, durch symbolische Rechtshandlungen zu versinnbildlichen“[3]. Den

---

zeit Ḫammurapis verschwunden ist. KU. 236. Dafür, daß der Verkäufer den Bukannu an den Käufer gab, siehe U. No. 371, 402 und 403, und Delitzsch, Handwörterbuch unter bukânu.

1) Vergl. oben S. 21 f. 26 f. und Ḫ. 9—12.

2) In ZRG. 27 S. 151 ff. habe ich zu beweisen versucht, daß in Tit. 58 Lex Sal. kein Immobiliarrechtsgeschäft vorliegt. Dagegen wendet sich Julius Gierke ebenda B. 28. Mir scheint heute festzustehen, daß wir über Vermutungen nicht hinauskommen. Gierke stützt sich durchweg auf Quellen viel späterer Zeit und hat vor allem nicht zu erklären vermocht, weshalb die Rechtshandlungen des Totschlägers, welcher die chrene cruda wirft, in dessen Hause stattfinden. Ich kann das Sammeln von Erdstaub in den vier Ecken des Hauses, das Stehen auf der Schwelle des Hauses etc. mit einer Grundstücksübertragung nicht vereinigen.

3) Hübner, Grundzüge des Deutschen Privatrechts 236.

Abschluß dieser Handlungen bildete die feierliche Besitzräumung seitens des Veräußerers. Dabei fand wahrscheinlich das nämliche Symbol wie in Babylonien, der Stab, Verwendung, der dem Erwerber des Grundstückes zugeworfen wurde[1].

Der Erwerb fahrender Habe ging unfeierlich vor sich durch körperliche Übergabe der Sache vor Zeugen. Wie wichtig die Zuziehung von Zeugen war, wird sich unten bei der Eigentumsverfolgung zeigen.

Die Franken ließen den Unterschied von beweglichem und unbeweglichem Gut u. a. auch dadurch hervortreten, daß sie im Laufe der Zeit einen besonderen Liegenschaftsprozeß ausbildeten. Leider fehlen für das altbabylonische Recht Zeugnisse, welche uns genügenden Aufschluß über eine solche Prozeßart geben würden. Eine Vergleichung muß daher unterbleiben[2].

III. Das Eigentum war in beiden Staaten vor dem eigenmächtigen Zugriff des Gläubigers geschützt. In beiden Rechtsordnungen galt das Verbot der Selbsthilfe in dem Sinne, daß dem Gläubiger nicht gestattet wurde, eine Pfändung des Schuldners ohne Vermittlung der öffentlichen Gewalt, des Richters, durchzuführen. Eigenmächtige Privatpfändung war untersagt.

Ḫ. 113.

113. Gesetzt, jemand hat von einem andern Getreide oder Silber zu fordern und hat alsdann ohne Erlaubnis des Eigentümers des Getreides vom Speicher oder auch vom Depot Getreide sich genommen, so soll man den

---

1) Vergl. für den ganzen Vorgang Schröder, RG.[5] 289 f. und die dort angegebenen Quellen, sowie die Seite 27 erwähnte Abhandlung v. Amiras.

2) Urkunde über einen Liegenschaftsprozeß bei Ungnad a. a. O. S. 138. (Prozeß um 1/18 Gan Garten mit Dattelpalmen.)

Betreffenden davon, daß er ohne Erlaubnis des Eigentümers des Getreides vom Speicher oder auch vom Depot Getreide genommen hat, überführen; dann soll er alles Getreide, das er genommen hatte, zurückgeben; auch geht er alles dessen, was er gegeben (= geliehen) hatte — mag es sein, was es will — verlustig [1].

Lex Sal. Capitulare III, 2. De pignoribus. Si quis debitorem suum per ignorantiam sine iudice pignoraverit antequam eum nesti canthe chigio, h. e. accusante, et debitum perdat et insuper, si male pignoraverit, cum lege conponat, h. e. capitale reddat et solidos XV culpabilis iudicetur.

Der Titel [2] spricht von einer Privatpfändung (sine judice), die am unwissenden Schuldner vorgenommen wird. Unwissend ist der Schuldner, weil der Gläubiger nicht das in Lex Sal. 50, 2 geforderte gerichtliche Verfahren gegen ihn einleitete. Der Schuldner hat von der bevorstehenden Pfändung nichts erfahren. Der Gläubiger handelt ohne richterliche Ermächtigung. Er verliert daher seine Forderung, muß das genommene Pfand zurückgeben und 15 Schillinge Buße zahlen [3].

---

1) Buße bei eigenmächtiger Pfändung in Ḥ. 241 (1/3 Mine bei Viehpfändung). Ob dort eine Forderung von seiten des Pfändenden besteht oder nicht, bleibt dahingestellt.

2) Über diesen Titel jetzt ausführlich Planitz in: Die Entwicklung der Vermögensvollstreckung im salfränkischen Rechte, 1909, S. 21 ff.

3) Planitz a. a. O. 22 bringt mit Recht gegen Sohm vor, daß das male pignerare nicht ein qualifizierter Pfändungsfall sei. Er führt sprachliche Gründe ins Feld und ergänzt aus dem Codex 2 nach insuper „similiter". Zudem verweist er auf Lex Bai. 13, 3, wo für die eigenmächtige Pfändung ohne richterliche Erlaubnis die hohe Buße von 40 Sol. normiert ist (Anm. 5). Durch persönliche Mitteilung macht er mich auch auf Brokmerbrief 57 (Richthofen 159) aufmerksam, nach welchem der ohne richterliche Erlaubnis pfändende Gläubiger einer Buße verfällt, gleichgültig ob eine Forderung wirklich besteht oder nicht. Ebenso auf Lex Burg. 9, 1: Qui ante audientiam

Beide Rechtssysteme ergeben also eine volle Übereinstimmung darin: der eigenmächtig pfändende Gläubiger verliert seine Forderung und muß die gepfändete Sache zurückgeben.

Das babylonische Recht weicht darin ab, daß es daneben eine besondere Pfändungsbuße nicht kennt, und läßt es im Zweifel, ob eine private Pfandnahme im fränkischen Sinne oder nur richterliche Pfändung zulässig war.

Eine schroffe Abweichung vom fränkischen System weist Ḫammurapi darin auf, daß dem Gläubiger eine eigenmächtige Personalpfändung[1] erlaubt war (Ḫ. 114 und 115), und daß der Schuldner Frau und Kinder zur Abarbeitung der Schuld dem Gläubiger oder einem Dritten in Schuldknechtschaft hingeben konnte[2]. Nach dreijähriger Arbeit galt allerdings die Schuld als getilgt und mußte die Freilassung erfolgen[3] (Ḫ. 117). Das fränkische Recht überliefert nur eine Selbstverpfändung des Schuldners, wobei die spätere Entwicklung eine Befreiung aus der

---

cuiuscumque pignera abstulerit, causam perdat et inferat multae nomine solidos XII, und auf Lex Bai. 13, 5. So glaube ich mit ihm annehmen zu müssen, daß das salische Recht die eigenmächtige Pfändung unter Buße stellte, auch wenn wirklich Gläubigerschaft vorlag.

1) Auch Kohler, in Ḫammurapis Gesetz von Kohler und Peiser, S. 114, nimmt Privatpfändung an ohne richterliche Erlaubnis. Private Schuldhaft KU. No. 743.

2) Zusammen mit Ḫ. 54 scheint der Kohlersche Satz (a. a. O. 114) richtig zu sein: die Vollstreckung muß also durch die Person hindurchgehen. Der Fall einer solchen Schuldhaft ist in dem von Ungnad übersetzten Briefe aus Dilbat No. IV gegeben. Etwa die Frau oder das Kind eines Soldaten (eine nipûtu) befindet sich in Schuldhaft. Beitr. z. Assyriol. VI, S. 45, Heft 5.

3) Über eine Verpfändung von Frau und Kindern im bairischen Recht, Schröder, RG.[5] 230.

Schuldknechtschaft durch Zahlung der Schuld zuließ. Neben der endgültigen Verknechtung kannte das fränkische Recht demnach die lösbare auch [1].

§ 2. Die Eigentumsverfolgung.

I. In beiden Rechtssystemen war das Eigentum durch Klagen geschützt. Der Eigentümer, dem eine Sache abhanden gekommen war, konnte diese, wo immer er sie antraf, auf dem Wege des Prozesses zurückerlangen [2]. Die Selbsthilfe war grundsätzlich ausgeschlossen. Doch kannte das deutsche Recht in der Spurfolge ein Verfahren, kraft dessen sich der Bestohlene oder Beraubte den Besitz der Sache ohne Einmischung der öffentlichen Gewalt wiederverschaffen durfte. Dieses, unmittelbar aus der Selbsthilfe herausgewachsene Institut war dem babylonischen Recht fremd.

Bekanntlich versagte das deutsche Recht dem Eigentümer die Klage dann, wenn er seine Sache einem Dritten anvertraut hatte und sie diesem gestohlen oder von ihm weiterveräußert worden war. Nur der Vertrauensmann war dann der zur Klage Legitimierte. Hand muß Hand wahren sagt das deutsche Rechtssprichwort [3]. Ob im baby-

---

1) Zeumer, Formulae 237, Formulae Salicae Bignonianae No. 27: tradere feci, in ea ratione, ut interim, quod ipsos solidos vestros reddere potuero, et servitium vestrum et opera qualecumque vos vel iuniores vestri iniunxeritis, facere et adimplere debeam. Die Voraussetzung ist hier, daß der Schuldner einen Diebstahl ausführte und den Bestohlenen nicht entschädigen konnte. Vergl. auch die von Planitz zitierten Stellen der Capitularien a. a. O. S. 85.

2) Für die ursprüngliche Beschränkung der deutschen Anefangsklage auf geraubte und gestohlene Sachen siehe unten S. 51.

3) H. Meyer, Entwehrung und Eigentum im deutschen Fahrnisrecht, hat gegen Herman dargetan, daß die res praestita der Lex Salica (Tit. 52) dem Grundsatz Hand wahre Hand unterworfen war (S. 30).

lonischen Rechte dieser Grundsatz galt, ist nicht mehr festzustellen. Eine Norm ist uns aber überliefert, welche diesen Gedanken enthält.

Ḫ. 117 und 118.

117. Gesetzt, gegen jemanden ist eine Schuldverbindlichkeit fällig geworden, und er hat deshalb seine Ehefrau, seinen Sohn oder seine Tochter für Geld fortgegeben oder zu Schulddienst dahingegeben, so sollen sie (nur) 3 Jahre im Hause ihres Käufers oder ihres Schuldherrn dienstbar sein; im vierten Jahre soll ihre Freilassung vollzogen werden.

118. Gesetzt, er hat einen Sklaven oder auch eine Sklavin zu Schulddienst dahingegeben, (und) der Gläubiger hat (die betreffende Person) weitergegeben, indem er (sie) für Geld fortgab, so darf sie keinesfalls gerichtlich reklamiert werden.

Aus 118 geht hervor, daß der Schuldner, der dem Gläubiger seinen Unfreien zu Schulddienst anvertraut hatte, diesen von einem Dritten nicht herausverlangen konnte, wenn der Vertrauensmann, der Gläubiger, ihn verkauft hatte. Der Pfandgläubiger, wiewohl nicht Eigentümer, vermochte durch Verkauf des Sklaven sich zu befriedigen. Eine Klage auf Herausgabe war dem Schuldner nicht gegeben. Die Veräußerung der wahrenden Hand wurde als eine rechtmäßige anerkannt.

II. Aus dem deutschen Prinzip der vertrauenden Hand ergibt sich die Folge, daß die Klage zur Wiedererlangung abhanden gekommener Fahrnis keine Eigentumsklage war im Sinne des römischen Rechts. Nicht nur der Eigentümer konnte sie erheben. Hatte er eine Sache einem Dritten anvertraut, so war dieser, und nur dieser, zur Wiedererlangung der Sache berechtigt, wenn sie diesem gestohlen oder geraubt wurde[1]. Sichere Anhaltspunkte für die Geltung dieses Rechtssatzes in Ḫammurapis Gesetzbuch finden sich nicht, freilich auch keine ihr entgegenstehenden Bestimmungen. Die Übersetzung der für diese Materie wichtigsten Stelle[2], Ḫ. 9, ist gerade hier sehr schwankend. Ungnad und Winckler nennen die Person, der die Sache abhanden gekommen war, „Eigentümer", Peiser übersetzt der „Verlierer", D. H. Müller der „Eigner oder Eigentümer des verlorenen Dinges". Ferner: Ungnad beginnt die Übersetzung des Titels: „Gesetzt jemand, dem irgend etwas ihm Gehöriges abhanden gekommen ist", während Winckler bloß von einem abhanden gekommenen Besitzstück spricht. Peiser beginnt: „Wenn ein Mann, von dessen Habe etwas verloren gegangen". Deuten diese Übersetzungen eher auf eine Vindikation hin, so scheint das Beweisversprechen, das der Entwerte abgibt, eher auf eine Klage im deutschrechtlichen Sinne schließen zu lassen. Er erklärt: „Zeugen, die mein abhanden gekommenes Stück kennen, will ich beibringen." So Ungnad; fast gleichlautend Winckler. Peiser: „Zeugen, die mein Verlorenes kennen, will ich beibringen." Demnach erklären die Zeugen nicht, daß der Entwerte der Eigentümer sei, sondern daß sie die Sache als eine ihm abhanden gekommene kennten.

Ferner deutet die Norm Ḫ. 125 auf das deutschrechtliche Prinzip: Gesetzt, jemand hat etwas ihm Gehöriges zur Aufbewahrung übergeben, und dann ist dort, wohin er es gegeben hat, sei es infolge Einbruchs oder auch infolge von Entwendung (?), etwas ihm Gehöriges zu-

---

1) Für die Allgemeinheit dieses Prinzips im deutschen, also auch im salischen Rechte siehe Brunner, RG.[1] II, 508, und Rauch, Spurfolge und Anefang in ihren Wechselbeziehungen 1908 S. 41.

2) Abgedruckt unten S. 52.

sammen mit irgend etwas, was dem Eigentümer des Hauses gehört, abhanden gekommen, so soll der Eigentümer des Hauses, wenn er durch seine Unachtsamkeit das, was er ihm zur Aufbewahrung übergeben hatte, abhanden kommen ließ, (es) im vollen Betrage dem Eigentümer der Habe ersetzen; der Eigentümer des Hauses darf das, was ihm abhanden gekommen ist, durch Nachforschung ermitteln und dann von dem betreffenden Diebe nehmen.

Hier scheint nur dem Verwahrer eine Klage gegen den Dieb gegeben worden zu sein. Vermutlich konnte nur die treue Hand auf Rückgabe klagen, nicht der Eigentümer der zur Verwahrung hingegebenen Sache.

Einen bestimmten Schluß auf die Natur der babylonischen Klage zur Wiedererlangung abhanden gekommener Fahrnis vermag ich aber nicht zu ziehen. Es geht nicht an, aus den gegebenen Zeugnissen schlechthin das deutsche Klagesystem abzuleiten [1]. Um im folgenden einen indifferenten Ausdruck für die, ihre abhanden gekommene Sache verfolgende Person zu gebrauchen, sei nicht vom entwerten Eigentümer, sondern einfach vom Entwerten oder vom Kläger die Rede.

III. Zum Zwecke einer eingehenden Vergleichung der Normen, die sich mit der Wiedererlangung abhandengekommener Fahrnis beschäftigen, sei vorerst der Anefangsprozeß des deutschen Rechts kurz skizziert. Dies ist um so notwendiger, als in der neuesten Literatur die Ansichten in wichtigen Punkten etwas verschieden sind [2]. Auch sei hier gestattet, zur Ergänzung des Bildes einige

1) Rabel (Die Verfügungsbeschränkungen des Verpfänders, 1909, S. 87) hält es nicht für ausgeschlossen, daß der Satz: Hand wahre Hand im griechischen und ägyptischen Rechte vorkam.

2) Vergl. namentlich Rauch, a. a. O. und Herbert Meyer, Das Publizitätsprinzip im Deutschen Bürgerlichen Recht, 1909. (Fischers Abhandl. XVIII, 2.)

Bestimmungen des mit dem salischen so nahe verwandten ribuarischen Volksrechtes zu verwerten.

Lex Sal. 47 (de filtortis). Über die Verfolgung.

Si quis servum aut caballum vel bovem aut qualibet rem super alterum agnoverit, mittat eum in tertia manu, et ille super quem cognoscitur debet agramire. Et si citra Ligere aut Carbonariam ambo manent et qui agnoscit et apud quem cognoscitur, in noctis XL placitum faciant; et inter ipso placito qui interfuerit qui caballo ipso aut venderit aut cambiaverit aut fortasse in solutionem dederit, omnes intra placito isto communiantur, h. e. ut unusquisque de cumnegotiatoribus alter alterum admoneat. Et si quis commonitus fuerit et eum sunnis non tenuerit et ad placitum venire distulerit, tunc ille qui cum eum negotiavit mittat tres testes, quomodo ei nunciasset, ut ad placitum veniret, et alteros tres, quod publicae ab eo negociasset. Istud si fecerit exuit se de latrocinio. Et ille qui non venerit super quem testes iuraverunt, ille erit latro illius qui agnoscit et precium reddat ille qui cum illo negociavit, et ille secundum legem componat ille qui res suas agnoscit. Ista omnia in illo mallo debent fieri ubi ille est gamallus super quem res illa primitus fuit agnita aut intertiata. Quod si trans Legerem aut Carbonaria manent cum quibus res illa agnoscitur, LXXX noctis lex ista custodiatur.

Dazu Capitulare IV, 12 (De eo qui res alienas furtivaverit). Si quis res alienas furtivaverit et suas fuisset non potuerit adprobare, cui furtivaverit solidos XV culpabilis iudicetur.

Lex Ribuaria [1].

33, 1. Si quis rem suam cognoverit, mittat manum

---

1) Zitiert nach der Ausgabe von Sohm.

super eam. Et sic illic, super quem interciatur, tercia manu querat, tunc in praesente ambo coniurare debent cum dexteras armatas, et cum sinistras ipsam rem teneant. Unus iurit, quod in propriam rem manum mittat; et alius iuret, quod ad eam manum trahat, qui ei ipsam rem dedit. . . .

33, 2. Quod si eum ibidem habere non potuerit, sibi septimus in harao coniurit, quod eum ibidem legibus manitum habuisset, et ei ab alio homine ipsa res tradita non fuisset. Sic ei placitum super 14 seu super 40 vel 80 noctis detur, ut de cinu werduinia sua in praesentia testibus recipiat et ei, qui rem suam interciavit, probaliter ostendat. Et tunc ipse de texaga securus sit, et ille, qui interciavit, texaga et dilatura ad eum requirat, qui solvere coepit.

72, 6. Sic autem animal intertiatus infra placitum mortuos fuerit, tunc illi, qui causam prosequitur, cum testibus memorare debet, qualiter adpreciatus fuerit, et illi, super quem interciatur, corio con caput decortigato in praesentia judicis auctorem suum ostendere debet. Quod si auctor reciperet, tanto solido uno de cine werdunia pro corio restituat.

72, 9. Vestimentum autem seu similia absque probabile signum interciare prohibemus.

Der altdeutsche Fahrnisprozeß nahm andere Formen an, je nachdem die abhanden gekommene (geraubte oder gestohlene) Sache sofort oder wenigstens innerhalb von drei Nächten im Gewahrsam eines Dritten gefunden wurde oder nicht. Im ersteren Falle griff das sogenannte Spurfolgeverfahren Platz, welches in Tit. 37 der Lex Salica normiert ist, in letzterem Falle der sogenannte Anefangsprozeß. Da das babylonische Recht den germanischen Gedanken der Spurfolge nicht (oder vielleicht nicht mehr?)

aufweist, gelangt hier der Anefang allein zur Darstellung. Daraus werden nur diejenigen Vorgänge herausgehoben, die notwendig sind für das Verständnis des ganzen Prozesses und geeignet zur Vergleichung mit dem babylonischen Rechte. Das Verfahren gliedert sich in zwei Teile, einen außergerichtlichen und einen gerichtlichen.

Der außergerichtliche Teil begann damit, daß der Entwerte, der seine abhanden gekommene Sache bei einem Dritten fand, die Sache in feierlicher Weise anfaßte[1] und einen Gefährdeeid schwor, die Sache sei sein. Damit behauptete er nur den dieblichen Verlust der Sache, ohne den Diebstahlsvorwurf gegen den Besitzer zu erheben. Dieser gelobte seinerseits, er werde den Vormann, von dem er die Sache erworben habe, den Gewähren, und die Sache selbst vor Gericht bringen[2]. Gab er dieses Gelöbnis ab, so durfte der Entwerte seine Sache nicht mit sich fortführen. Sie blieb vorerst im Besitze dessen, gegen den der Anefang gerichtet war. Verstand sich der Besitzer nicht zu diesem Gelöbnis, so konnte ihm der Entwerte die Sache wegnehmen.

Das salische Recht gestattete einen unbeschränkten Gewährenzug[3] und setzte, weil alle Gewährsmänner zur Gerichtsverhandlung herbeigeschafft werden mußten, sehr ausgedehnte Fristen an. Je nach der Lage des Wohn-

1) Sächsische und niederländische Quellen nennen diese Handlung anevang, wonach das ganze Verfahren den Namen trägt. Die Handlung enthält eine symbolische Besitzergreifung.

2) Vergl. Rauch a. a. O. 14.

3) d. h. der in Anspruch genommene Vormann konnte seinerseits wieder einen Gewähren nennen u. s. f. Die Ansicht Meyers a. a. O. 10, daß das salische Recht ursprünglich nur einen Gewährenzug gekannt habe, kann ich nicht teilen.

sitzes von Kläger und Besitzer war die Frist von vierzig und achtzig Nächten gegeben [1].

Der Hauptzweck dieses ersten, außergerichtlichen Verfahrens bestand demnach in der Festsetzung eines gerichtlichen Termins.

In dem darauf folgenden gerichtlichen Teile sind zwei Fälle zu unterscheiden:

1. Der Gewähre erscheint vor Gericht und bekennt sich zur Sache. Diese wird ihm zugeschoben, und es entspinnt sich ein Zwischenverfahren zwischen ihm und dem Kläger. Unterlag der Gewähre, so mußte er die Sache an den Entwerten herausgeben, wurde als Dieb angesehen und mußte die Diebstahlsbuße entrichten [2].

Unterlag der Entwerte, so zahlte dieser eine Buße von 15 Schillingen. Die Sache wurde dem früheren Besitzer zurückgegeben.

Das Beweisrecht lag beim Kläger. Er hatte den dieblichen Verlust der Sache, sowie die Übereinstimmung der gefundenen mit der ihm entwendeten Sache zu führen [3].

2. Der Gewähre bleibt aus. Der Beklagte vermag ihn nicht vor Gericht zu bringen. In diesem Falle darf er mit 3 Zeugen schwören, daß er den Gewähren richtig geladen und die Sache vor Zeugen (publice) von ihm erworben habe. Damit reinigt er sich vom Diebstahlsvorwurfe (de latrocinio), muß aber die Sache dem Kläger herausgeben. Der ausgebliebene Gewähre gilt als Dieb [4]).

Die deutschen Quellen geben noch Aufschluß über andere vorkommende Möglichkeiten, namentlich für den

---

1) Vergl. Lex Sal. 47 Schluß. Dazu Brunner, RG. [2] I, 437 Anm. 47.
2) Vergl. Brunner, RG. [1] II, 508 Anm. 86.
3) Meyer a. a. O. 23 f.
4) Oben Lex Sal. 47: ille erit latro.

Fall, daß der Gewähre erschien, aber die Annahme des Schubs verweigerte [1].

Das babylonische Recht weist aber Parallelen dazu nicht auf.

Die vielbehandelte Frage, ob das altdeutsche Recht den Einwand des Beklagten gestattete, er habe die Sache originär erworben, scheint mir jetzt durch Meyer im negativen Sinne endgültig beantwortet zu sein [2].

So steht die deutsche Anefangsklage als eine Klage von doppelter Rechtsnatur vor uns. Sie enthält in erster Linie ein strafrechtliches Element. Sie ist eingeschränkt [3] auf gestohlene und geraubte Sachen und bezweckt das Ausfindigmachen des Diebes. Daneben wohnt ihr ein bürgerliches Moment inne. Die abhanden gekommene Sache soll dem Entwerten wieder zugeführt werden. Im Laufe der Zeit gewann dann die reipersekutorische Natur der Klage die Oberhand.

Klagefundament war demnach ursprünglich Diebstahl und Raub, ein Friedensbruch oder schärfer und präziser: der Gewerebruch [4]. Die Idee der Offenkundigkeit des dinglichen Rechts in Gestalt der Gewere äußerte sich auch hier. Der Gewerebruch mußte durch den Entwerten im Prozesse mit Hilfe von Eideshelfern kundbar gemacht werden. Ebenso mußte der Beklagte, wollte er nicht als Dieb gelten, den offenkundigen Erwerb der Sache durch Zeugen beweisen. Dieser Beweis stand dem Gewährenzug gleich.

---

1) Vergl. dafür Brunner, RG.[1] II, 506 ff., und Lex Ribuaria 33, 3.

2) a. a. O. 11 f. Sehr lehrreich sind die Belege aus dem englischen Rechte.

3) So sicher in ältester Zeit. Vergl. Rauch a. a. O. 51 Anm. 2.

4) So richtig Meyer gegen Schultze a. a. O. 81.

Ein Lösungsanspruch ist im salischen Recht nicht überliefert.

IIII. Die maßgebenden Stellen aus dem Kodex Ḫammurapi lauten:

Ḫ. 9. Gesetzt, jemand, dem irgend etwas ihm Gehöriges abhanden gekommen ist, hat das betreffende ihm abhanden gekommene Stück in jemandes Besitz angetroffen, derjenige (jedoch), in dessen Besitz das abhanden gekommene Stück angetroffen worden ist, hat erklärt „Jemand hat es mir doch verkauft; vor Zeugen habe ich es doch gekauft!", anderseits hat der (ehemalige) Eigentümer des abhanden gekommenen Stückes erklärt: „Zeugen, die mein abhanden gekommenes Stück kennen, will ich beibringen", — so soll der Käufer den Betreffenden, der es ihm verkauft hat, und auch die Zeugen, vor denen er gekauft hat, beibringen; desgleichen soll der Eigentümer des abhanden gekommenen Stückes Zeugen, die sein abhanden gekommenes Stück kennen, beibringen; die Richter sollen ihre Angelegenheit prüfen, und sodann sollen die Zeugen, vor denen der Kauf abgeschlossen wurde, und die Zeugen, die das abhanden gekommene Stück kennen, das, was sie wissen, vor einem Gotte aussagen; dann gilt der Verkäufer als Dieb: er wird getötet; der Eigentümer des abhanden gekommenen Stückes wird sein abhanden gekommenes Stück nehmen; der Käufer wird aus dem Hause des Verkäufers das Geld, das er dargewogen hat, nehmen.

Ḫ. 13. Gesetzt, des Betreffenden Zeugen sind nicht in der Nähe, so werden die Richter ihm einen Termin bis auf 6 Monate ansetzen; dann gilt der Betreffende — gesetzt, er hat innerhalb der 6 Monate seine Zeugen nicht herbeigebracht — als Verbrecher: er muß die Strafe, die in jenem Prozesse verhängt wird, auf sich nehmen [1].

1) Vergl. dazu die Urkunden bei KU. S. 241.

An der Hand dieser Bestimmungen ergeben sich folgende Parallelen mit dem salischen Rechte.

Das ganze Verfahren gliedert sich in einen außergerichtlichen und gerichtlichen Teil. Voraussetzung für den Beginn des Prozesses war das Auffinden der abhanden gekommenen Sache[1]) bei einem Dritten. Von einem feierlichen Handanlegen an den Gegenstand weiß Ḫammurapi nichts, dagegen verlangt das Gesetz eine Gefährdeerklärung des Klägers: „Zeugen, die mein abhanden gekommenes Stück kennen, will ich beibringen“, eine Aussage, die, wie im salischen Rechte, den Diebstahlsvorwurf gegen den Besitzer nicht enthält. Der Besitzer gibt die Erklärung ab: „Jemand hat es mir doch verkauft; vor Zeugen habe ich es doch gekauft.“ Er beruft sich also auf einen Gewähren und zugleich auf die Öffentlichkeit des Erwerbes. Mit diesen Erklärungen haben sich Kläger und Beklagter verpflichtet, den Gewähren und die angeführten Zeugen vor Gericht zu stellen[2]. Der Entwerte hatte die Sache im Besitze des Beklagten zu belassen[3]. Was geschah, wenn der Besitzer diese Erklärung nicht abgeben wollte oder konnte, wissen wir nicht. Die Vermutung ist aber wohl gerechtfertigt, daß der Entwerte dann die Sache mit sich wegführen durfte.

---

1) Ob das babylonische Recht darunter nur gestohlene und geraubte Sachen oder alle wider Willen abhanden gekommene Sachen versteht, bleibt ungewiß. Vergl. unten S. 55 Anm. 3.

2) Ob die Sache selbst wie im deutschen Rechte vor Gericht gebracht werden mußte, bleibt zweifelhaft.

3) Dies ergibt sich aus den Worten von Ḫ. 9: „der Eigentümer des abhanden gekommenen Stückes wird sein abhanden gekommenes Stück nehmen.“ Es wird ihm also erst nach Ablauf des Prozesses zurückgegeben, und da von einer Sequestration durch einen Dritten nicht die Rede ist, darf als die zurückgebende Hand die Hand des Beklagten, bezw. dessen Familie angesehen werden.

Das Gesetz Ḫammurapis spricht nur von einem Gewährschaftszugen[1]. Je nach der Entfernung des Ortes, an dem sich die Zeugen aufhielten, konnten die Richter einen Termin bestimmen, bis zu welchem diese beigebracht sein mußten. Längste Frist 6 Monate. So ergibt sich auch für das babylonische Recht, daß die Hauptbedeutung der außergerichtlichen Handlungen in der Festsetzung eines gerichtlichen Termins ruhte.

Die beiden im Gesetze auseinandergehaltenen Fälle der nun folgenden gerichtlichen Verhandlung ergeben:

1. Der Gewähre erscheint vor Gericht[2] und wird überführt. Ob diese Überführung in der Weise erfolgte, daß er sich zur Gewährschaft bekannte und in einem, dem deutschen Rechte ähnlichen Zwischenverfahren der Streit entschieden, oder ob die Zeugen des Beklagten den Beweis gegen ihn erbrachten und er selbst zur Verteidigung überhaupt nicht zugelassen wurde, wissen wir nicht[3].

Jedenfalls hatte, wie im salischen Rechte, der Kläger den dieblichen Verlust der Sache und die Identität der aufgefundenen mit der abhanden gekommenen nachzuweisen.

Der unterliegende Gewähre wurde als Dieb angesehen und entsprechend der Behandlung des Diebstahlverbrechens

---

1) Damit ist aber nicht gesagt, daß der Zug auf weitere Gewähren ausgeschlossen war. Ḫ. 9 will nur den typischen Fall eines Eigentumsprozesses beschreiben und gestattet vermutlich für andere Fälle eine weite Auslegung der Norm.

2) Daß der Gewähre vor Gericht erscheinen mußte, ergibt sich auch aus Ḫ. 10.

3) In Ḫ. 9 ist zwar nur gesagt: „die Zeugen, vor denen der Kauf abgeschlossen wurde, und die Zeugen, die das abhanden gekommene Stück kennen, sollen das, was sie wissen, vor einem Gotte aussagen." Daraus zu schließen, daß der Gewähre überhaupt nicht gehört wurde, geht aber nicht an; denn Ḫ. 10 legt ein zu schweres Gewicht auf die Herbeischaffung des Gewähren zum Prozeß.

bei Ḫammurapi getötet. Die Sache konnte der Entwerte wieder an sich nehmen [1].

Unterlag der Entwerte, indem er „Zeugen, die sein abhanden gekommenes Stück kannten, nicht beibringen konnte", so verfiel er der Strafe der Verleumdung [2], dem Tode.

2. Der Gewähre und die Zeugen des Beklagten bleiben aus. Der Beklagte vermag sie nicht herbeizuschaffen. Die Zeugen des Entwerten dagegen sind erschienen. Der Beklagte vermochte also weder den Gewähren zu stellen, noch — wie oben im zweiten Falle des salischen Prozesses vorgesehen — die Offenkundigkeit seines Erwerbes mit Zeugen zu beweisen. Daher war ihm eine Reinigung vom Diebstahlsvorwurfe (de latrocinio) nicht möglich. Konnte nun dagegen der Entwerte mit beweiskräftigen Zeugen hervortreten, so galt der Beklagte als Dieb und wurde getötet. Der Entwerte nahm seine Sache.

Ḫammurapi gibt nicht eine einzige Norm, aus welcher geschlossen werden könnte, daß eine Berufung auf originären Erwerb zulässig war.

Die babylonische Klage zur Wiedererlangung abhanden gekommener Fahrnis stellt sich ebenfalls dar als eine gemischte Klage. Schon ihre Einreihung im System deutet auf ein strafrechtliches Element in ihr. Sie steht mitten in Bestimmungen über Diebstahl, Entführung und Raub [3] und bezweckt die Ausfindigmachung und Be-

---

1) Zum Unterschiede vom salischen Rechte bestand zugunsten des früheren, nun entwerten Besitzers ein Anspruch auf Rückzahlung des Kaufpreises. Er konnte das Geld von der Familie des Gewähren herausverlangen. Ḫ. 9.

2) So übersetzen Ungnad, Peiser und Winckler. Juristisch richtiger ist wohl, mit Kohler zu sagen: der falschen Anschuldigung. Kohler-Peiser a. a. O. 13.

3) Deshalb ist anzunehmen. daß auch sie sich auf gestohlene und geraubte Sachen beschränkte.

strafung des Diebes. Andererseits tritt in ihr, als das schwächere Element, das bürgerliche, das auf die Herausgabe der Sache gerichtet war, deutlich hervor.

Vermutlich hatte das Klagefundament strafrechtlichen Charakter wie im deutschen Rechte. Wie stark der Gedanke der Offenkundigkeit des Erwerbes einwirkte, ließ sich Schritt für Schritt verfolgen. Der Entwerte mußte Zeugen bringen, die seine abhanden gekommene Sache kannten, und der Beklagte mußte Erwerb vor Zeugen nachweisen, wollte er der Strafe des Diebstahls entgehen. Das Klage- und Beweissystem war auf die Publizitätsidee aufgebaut.

Ein Lösungsanspruch begegnet nur in einem einzigen Falle, im Falle der Vindikation ausländischer Sklaven (Ḫ. 281). Grundsätzlich nahm der siegreiche Entwerte seine Sache ohne Entschädigung an sich [1].

In den Grundlagen und in einer Reihe wichtiger Einzelheiten stimmen also das babylonische und das fränkische Recht überein. Dem jüngeren, unentwickelteren Rechte entsprechend ist das deutsche Verfahren sinnfälliger ausgestaltet, als das babylonische. Rechtshandlungen, wie das feierliche Anfassen der aufgefundenen Sache durch den Entwerten oder die körperliche Übergabe derselben vom Besitzer zum Gewähren und von Gewähre zu Gewähre (der Schub), fehlen bei Ḫammurapi. Im übrigen aber sind auch die äußerlichen Ähnlichkeiten des Rechtsganges überraschend groß [2].

§ 3. Die Familie.

I. Die Familie ist in Babylonien wie in Franken vaterrechtlich geordnet. Die Kinder gehören in die Familie

1) Über die Rückzahlung des Kaufpreises oben S. 55 Anm. 1.

2) Schon H. Meyer a. a. O. 78 Anm. 11 ist die starke Ähnlichkeit aufgefallen.

des Vaters. Er ist das Oberhaupt der Hausgenossenschaft. Weder für das eine noch für das andere Volk lassen sich Spuren eines ehemaligen Mutterrechts nachweisen. So fallen z. B. die Kinder nicht in die Frauenfamilie, und die Voraussetzung des Erbrechts ist nicht die Abstammung von der Frauenseite.

Ḫ. 135 widerspricht durchaus dem Mutterrechtssystem [1]. Er zeigt, daß die während der Kriegsverschollenheit des Gatten geborenen Kinder ihrem Erzeuger, nicht ihrer Mutter nachfolgten:

Gesetzt, jemand ist gefangen geführt worden, jedoch in seinem Hause ist etwas zu essen nicht vorhanden, deshalb (?) ist seine Ehefrau in ein anderes Haus hineingegangen und hat alsdann Kinder geboren, hernach ist ihr Ehemann zurückgekehrt und hat dann seinen Heimatsort erreicht, so soll das betreffende Weib zu ihrem ersten Gatten zurückkehren, die Kinder werden ihrem Vater folgen.

Der Mutterbruder, der bekanntlich bei Völkern des Mutterrechts eine besonders starke Stellung hatte, wird bei Ḫammurapi in erbrechtlicher Beziehung nur einmal besonders hervorgehoben.

Ḫ. 150. Gesetzt, jemand hat seiner Ehefrau Feld, Garten, Haus oder bewegliche Habe geschenkt (und) ihr eine gesiegelte Urkunde ausgefertigt, so dürfen nach dem Tode ihres Mannes ihre Kinder keinerlei Einspruch gegen sie erheben; die Mutter darf (diesen) ihren Nachlaß einem Kinde von sich, das sie (besonders) liebt, geben; einem Bruder soll sie auf keinen Fall (etwas) geben.

---

1) Meyer, Gesch. des Alt. I, 2 S. 360 erklärt: die modernen Hypothesen, welche bei den Semiten ursprünglich ein sogenanntes „Mutterrecht“ bestehen lassen, stehen im Widerspruch mit allen Tatsachen; vergl. im übrigen Meyer über Mutterrecht I, 1 S. 21.

Die vom Manne gemachte Schenkung konnte also nicht auf den Bruder der Ehefrau vererbt werden. Sie durfte nur an die Kinder, bezw. an ein Lieblingskind übergehen. Der Mutterbruder war vom Erbe ausgeschlossen. Die Stelle ist mit Mutterrecht nicht vereinbar.

Auch das salische Volksrecht hat keine mutterrechtlichen Spuren hinterlassen. Zwar hat es nicht an Versuchen gefehlt, aus einigen Normen, namentlich aus Tit. 44 (de reipus), Tit. 58 (de chrene cruda) und Tit. 59 (de alodis) Schlüsse auf ein ehemaliges Mutterrecht zu ziehen. Doch lassen sich diese scheinbaren Ausnahmen bei richtiger Würdigung des Ganzen durchaus mit dem Vaterrechtsprinzipe in Übereinstimmung bringen, so daß auch in der erbrechtlichen Stellung der salischen Muttermagen eine Abschwächung dieses Prinzipes nicht erblickt werden kann. Delbrück hat in seiner ausgezeichneten Abhandlung über die indogermanischen Verwandtschaftsnamen das Mutterrecht für die ganze indogermanische Rasse abgelehnt[1].

II. Das Familienrecht gehört zu den intimsten und feinsten Rechtsäußerungen eines Volkes. Die nationale Eigenart findet hier ein besonders starkes Spiegelbild. Recht und Sitte marschieren hier enge aneinander und lassen sich vielfach kaum trennen[2].

Leider gewähren die babylonischen Quellen keinen ausreichenden Einblick in das Rechtsleben der Familie. So wissen wir z. B. nicht, welchen Personenkreis die Familie umfaßte, wie die Verwandtschaft berechnet wurde etc. Soweit wir aber sehen können, klaffen hier babylonisches und fränkisches Recht weit auseinander. So ist

---

1) Abh. der Sächs. Ges. der Wiss. XI S. 381 ff. Vergl. auch Mutterrecht bei den Indogermanen, Preuß. J.B. 79 S. 14 ff.

2) Vergl. die treffenden Worte Hübners DPR. S. 568 f.

z. B. der Charakter der Familie als einer Schutz- und Friedensgenossenschaft in Franken weit stärker ausgeprägt und die geschlechterrechtliche Organisation tritt gegenüber der staatlichen energischer hervor[1], fehlte doch z. B. dem babylonischen Rechte das Institut der Blutrache. Auch das Ehe- und Kindesverhältnis muß schon deshalb verschiedenartig geordnet gewesen sein, weil in Babylonien neben der Hauptfrau häufig Nebenfrauen standen und Kinder aus beiden Eheformen vorhanden sein konnten. Zudem war die Adoption bei den Babyloniern außerordentlich stark verbreitet, bei den Franken kaum bekannt. Endlich muß die väterliche Gewalt insofern viel potenzierter gewesen sein im Lande des Ḫammurapi, als der Vater seine Kinder vermieten und in Schuldknechtschaft verkaufen[2] konnte, und kraft des Talionsprinzipes die Kinder für Missetaten der Eltern sogar mit ihrem Leben hafteten (Ḫ. 116, 117, 210 u. 230).

Und doch lassen sich nach drei Richtungen hin Übereinstimmungen prinzipiellster Art nachweisen.

III. Einmal kennen beide Rechtssysteme eine Ausstoßung aus dem Familienverbande, eine Entsippung. Bei beiden Völkern macht sich der Gedanke breit, daß die Heiligkeit des Familienbandes durch Missetaten zerstört werde. Gewisse Verbrechen führen von Gesetzes wegen einen Austritt aus der Familie herbei, sei es mit, sei es gegen den Willen der Sippe. Der Verbrecher büßt durch den Austritt jeden weiteren Zusammenhang mit der Familie ein. Er wird sippelos.

Im Kodex Ḫammurapi begegnet uns folgender Fall:

1) Mit Recht behauptet Post, Grundriß der ethnologischen Iurisprudenz, daß bei unkultivierten Völkern die geschlechterrechtliche Organisation überwiege, I S. 160 f.

2) Belege bei KU. S. 228.

H. 158[1]. Gesetzt, jemand ist nach dem Tode seines Vaters im Schoße seiner Stiefmutter, die Kinder hat, ertappt worden, so wird der Betreffende aus der Familie ausgestoßen.

Der bekannteste Fall des salischen Rechtes ist die Friedlosigkeit des Leichenräubers: Si corpus iam sepultum effuderit et expoliaverit et ei fuerit adprobatum[2], vuargus sit . . . (55, 2). Die Friedlosigkeit zerschnitt den rechtlichen Zusammenhang mit der Familie. Der „Werwolf“ entbehrte einer Sippe. Sein Weib ward zur Witwe, seine Kinder zu Waisen.

Es sind demnach hier wie dort Verbrechen niederträchtigster Art, welche die Entsippung hervorrufen, hier die Blutschande, dort die Beraubung eines begrabenen Toten.

IIII. Ferner sehen Babylonier wie Franken in der Familie nicht nur eine sittliche und wirtschaftliche, sondern auch eine rechtliche Einheit. Diese Idee finden wir verkörpert in der Gesamthaftung. Es wurde oben gezeigt[3], daß in Babylonien das „Haus“, in Franken

---

1) H. 168 ziehe ich (gegen Kohler-Peiser) nicht hierher. Ungnad übersetzt enterben, nicht verstoßen. Nach einer freundlichen Mitteilung Ungnads ist die Übersetzung verstoßen ausgeschlossen.

2) Diese Worte deuten auf eine Gerichtsverhandlung, in welcher die friedlos machende Tat bewiesen werden mußte. Aber es ist nicht anzunehmen, daß ein Urteil erging und auf Grund dieses die Friedloslegung erfolgte. Die Friedloslegung war vielmehr Tatfolge. Freilich nehme ich, im Zusammenhang mit Tit. 56, an, daß sie nur den flüchtigen Täter erfaßte, der sich weigerte, sich mit den Verwandten des Beraubten auszusöhnen.

Ob die Friedlosigkeit des babylonischen Rechtes auch sühnbar war, bleibt dahingestellt. Vergl. Planitz a. a. O. S. 39 über die fränkische Friedloslegung kraft Königsacht (Tit. 56). Für Tit. 70 namentlich Brunner, RG[1] II, 592.

3) Vergl. oben S. 14ff.

ein engerer und weiterer Verwandtenkreis für Missetaten eines Familiengliedes haftbar war.

Die Familie des Täters konnte innerhalb gewisser Grenzen in personenrechtlicher wie vermögensrechtlicher Hinsicht haftbar gemacht werden.

V. Drittens weisen beide Völker das Institut der Gemeinderschaft auf. Da und dort tritt die Idee der Zusammengehörigkeit der Familie hervor, die an das Hausvermögen anknüpft, wie sich denn Gemeinderschaft und Hausgenossenschaft auf das innigste berühren [1]. Zwei Rechtsgedanken sind es, welche uns im Bereiche dieser Gemeinderschaft bei den Babyloniern wie bei den Franken hauptsächlich [2] entgegentreten:

1. Beim Tode des Oberhauptes, des Trägers des Hausvermögens bleiben die Erben in der Regel in ungeteilter Gemeinschaft sitzen.

2. Kein Gemeinder darf über seinen Anteil an der noch ungeteilten Gemeinschaft frei verfügen.

Auf das Sitzen in ungeteilter Gemeinschaft deuten bei Ḫammurapi nicht nur die Bestimmungen des Gesetzes, sondern vor allem auch die zahlreichen überlieferten Teilungsurkunden [3].

Ḫ. 165 und 166. Gesetzt, jemand hat einem Erben von sich, der seinem Auge angenehm ist, Feld, Garten

---

1) Diesen Nachweis hat Cohn erbracht in der Z. f. vergl. R.Wiss. XIII S. 1 ff.; vergl. besonders S. 50 ff. (Gemeinderschaft und Hausgenossenschaft).

2) Von einem Anwachsungsrecht, beim Ausscheiden eines Gemeinders, erfahren wir bei Ḫammurapi nichts.

3) Vergl. KU. S. 231, wo auf die Häufigkeit der Teilungen nach dem Tode des Erblassers seit dem Könige Sin-muballit hingewiesen wird. Vergl. namentlich No. 44, 60 u. 63. Aber zur Regel war die Teilung noch nicht geworden.

oder Haus geschenkt (und) ihm eine gesiegelte Urkunde geschrieben, so wird er, nachdem der Vater verstorben ist, dann, wann die Geschwister teilen, das Geschenk, das der Vater ihm gegeben hat, nehmen; dann werden sie obendrein in Hab und Gut des Vaterhauses sich gleichmäßig teilen.

166. Gesetzt, jemand hat den Söhnen, die er bekommen hat, Ehefrauen genommen, einem minorennen Sohn von sich (aber) hat er eine Ehefrau (noch) nicht genommen, so sollen die Geschwister, nachdem der Vater verstorben ist, dann, wann sie teilen, von Hab und Gut des Vaterhauses ihrem minorennen Bruder, der eine Ehefrau (noch) nicht hat, zu seinem Anteil, das Geld des Mahlschatzes ihm hinzutun und dann ihn eine Ehefrau nehmen lassen.

Auch Ḫ. 171 und 172, welche vom Beisitzrecht der Witwe sprechen, deuten unbedingt darauf hin, daß die Kinder nach dem Tode des Vaters mit ihrer Mutter ungeteilt wohnen bleiben[1]. Von den Teilungsverträgen, die Meissner[2] zusammengestellt hat, sei ein Beispiel angegeben:

5/6 Sar mit einem Hause bebautes Land neben dem Hause des Maddumuti-ilu und neben dem Hause des

1) Gemeinderschaften der Geschwister mit einer Priesterin bei Meissner No. 69 u. 105. Assyriologische Bibl. XI, Beiträge z. altbabylonischen Privatrecht.

2) a. a. O. No. 101 S. 81. In der U. No. 50 bei KU. S. 20 sitzen Brüder mit einer Schwester in Gemeinderschaft. Der Anteil der Schwester wird bestimmt und dann gesagt: „Sobald ein Mann sie heiratet, wird sie ihre bewegliche Habe (?) nehmen und dann ins Haus ihres Ehemannes hineingehen. Ihr Haus aber und ihr Nachlaß (?) gehören ausschließlich ihren Brüdern." Ausgeschieden wird der Schwester Anteil also erst im Augenblicke ihrer Verheiratung. Vergl. auch U. No. 52. Gemeinderschaft von Brüdern No. 386; ebenso No. 791 (neue U.-Serie Kohler-Ungnad), wo zwei Brüder die Gemeinderschaft fortsetzen, während der dritte ausscheidet.

Sin-ikîša, der Söhne des Arad-Sin, ist Teilbesitz des Salustu, des Sohnes des Arad-Sin, welchen er mit Sin-ikîša und Maddumuti-ilu (seinen Brüdern) geteilt hat. Die Teilung ist vollendet, sein Anteil ist vollendet. Er ist befriedigt. Niemals wird ein Bruder gegen seinen Anteil Klage anstrengen. Beim Namen des Samaš, der Malkatu, des Marduk, des Sin-muballit und bei Sippar schwuren sie.

9 Zeugen.

Jahr, wo man die (große) Mauer von . . . . . . baute (?).

Die Urkunde zeigt, daß erst mit der vollendeten Teilung der Anteil eines jeden Bruders ausgeschieden war. Wie im deutschen Recht, saßen die Gemeinder auf gemeinsamem Gedeih und Verderb. So erklärt es sich, daß sie gemeinsam einem jüngeren Bruder den Mahlschatz geben (Ḫ. 165) und einer Schwester den Lebensunterhalt liefern müssen (Ḫ. 178)[1].

Was die Dispositionsunfähigkeit des einzelnen Gemeinders während der Gemeinderschaft anbetrifft, so erhellt diese aus einer Urkunde und aus dem Retraktrechte.

U. No. 107 (Meissner, S. 87).

Eine Sklavin Ilu-kaša, samt ihren Kindern, ist Anteil des Arad-Marduk, des . . . . ., ein Sklave Mini-Urra, Anteil des Ibni-Marduk, eine Sklavin Lalabitu, Anteil des Paṣṣalu: alles dieses sind die Anteile der Söhne des Arad-Ulmaššitu, welche Arad-Marduk, der[2] . . . . . . ihr (ältester) Bruder in

1) Die Worte „entsprechend der Höhe ihres Anteils" sind auf den Anteil der Schwester zu beziehen. Dies ergibt sich deutlicher aus Winckler als aus Ungnad. Winckler übersetzt den Schluß von 178: Ihr (der Schwester) Kindesanteil gehört ihren Brüdern. Nach diesem Kindesanteil ist die Verpflegung zu bemessen. Ähnlicher Fall in U. No. 791 (neue U.-Serie von Kohler-Ungnad).

2) Ungnad bei KU. No. 75 übersetzt der Feldwebel. Die Übersetzung Ungnads weicht überhaupt von derjenigen Meissners stark ab. Doch lassen beide Übersetzungen erkennen, daß die eigenmächtige Teilung von seite des Arad-Marduk nicht als zu Recht be-

eigenmächtiger Weise genommen und mit Ibni-Marduk und Paṣṣalu, seinen Brüdern, nach seinem Gutdünken(?) geteilt hat. Seitdem nun Arad-Ištar, der . . . . ., ihr Bruder, das Besitztum ihres Vaters Arad-Ulmaššitu unter Schwüren bei Gott an seine Brüder Ibni-Marduk und Paṣṣalu recht verteilt hat, werden sie nicht Ungültigkeitsklage anstrengen, noch werden Ibni-Marduk und Paṣṣalu, die Söhne des Arad-Ulmaššitu, gegen Arad-Marduk, den . . . . ., ihren Bruder, prozessieren. Bei Samaš, Marduk und Ammizaduga, dem Könige, schwuren sie.

10 Zeugen.

Am 30. Nisan des Jahres, wo Ammizaduga, der König auf den erhobenen Befehl Šamaš, seines Herrn, den Fluß Ammizadugas: nuḫuš niši (Überfluß der Menschen) . . . . .

Das Nehmen des Anteils von seite eines Bruders ohne Zustimmung der anderen wird als eigenmächtig bezeichnet. Solange die Verteilung keine „rechte", d. h. nicht mit Zustimmung aller Gemeinder vorgenommen war, konnte jeder die Nichtigkeitsklage anstrengen. —

Auch das Zug- oder Retraktrecht, das bis ins neubabylonische Recht[1] hinein überliefert ist, trägt an sich die Spuren des Hausvermögens, welches die Gemeinder zur gesamten Hand besaßen. Das Grundvermögen soll dem Hause ungeschmälert erhalten bleiben.

---

stehend angesehen wurde. Auch nach der Wiedergabe Ungnads war die Teilung erst eine rechtmäßige, nachdem von dem teilenden Bruder ein Reinigungseid geschworen worden war. Erst nachdem dieser sich wegen der Teilung seinen Brüdern gegenüber gereinigt hatte, erklären die Brüder, gegen die Teilung keinen Einspruch erheben zu wollen. Dieser Reinigungseid auch in No. 74.

1) Vergl. Kohler-Peiser (Aus dem babylonischen Rechtsleben) I, 15 No. 7 mit Kohler-Peiser (Ḫammurapis Gesetz) S. 110. Dazu jetzt KU. S. 234 u. 241, die mit Recht die Prozeßklauseln auf das Retraktrecht beziehen.

Um dieses Prinzip durchzuführen, wurde dem Verkäufer und gewissen Verwandten das Recht gegeben, vom Käufer das verkaufte Objekt gegen Zahlung des Kaufpreises herauszuverlangen. Folgende Urkunde zeigt, wie zwei Brüder ihr väterliches Grundstück zurückkaufen [1].

1/2 Sar mit einem Hause darauf neben dem Hause, dem Besitztum des Ibku-Sin, und neben dem Hause, dem Besitztum des Sini-Ischtar, und 1/2 Sar Brachland neben dem Hause des Sini-Ischtar und neben dem Hause, dem Besitztum des Ibku-Sin, mit einer Front nach der Straße, mit der andern nach dem Hause des Sini-Ischtar gelegen, das Tauschobjekt für 1 Sar Brachland, welches Ibku-Sin, der Sohn des Sin-idinna, von den Söhnen des Sin-asu gekauft und mit Sini-Ischtar vertauscht und welches Sini-Ischtar mit ihm vertauscht hatte, selbiges Haus und Palais haben von Ibku-Sin, dem Sohne des Sin-idinna, und Arad-Schamasch, seinem Bruder, Sini-Ischtar, der Sohn des Ili-eriba, und sein Bruder Apil-ili gekauft und 5 Sekel Silber als seinen vollen Preis bezahlt. So haben sie wieder das Haus ihres Vaters in ihren Besitz gebracht. Niemals wird einer mit dem andern prozessieren. Bei Hammurabi, dem Könige, schwuren sie.

Es scheint, als ob Sini-Ischtar das Gut eigenmächtig veräußerte und dann von seinem Bruder Apil-ili gezwungen wurde, mit ihm zusammen den Retrakt auszuüben.

Alles Nähere über dieses Zugrecht ist unbekannt. Vor allem wissen wir nicht, ob es sich auf Grundstücke beschränkte und ob es nur das Erbgut oder auch die wohlgewonnenen Güter umfaßte [2], ob es dinglich war oder nicht.

---

1) Meissner, Alte Orient VII, 1 S. 7. Auch die U. No. 440, K.U. S. 122 enthält wohl den Retrakt.

2) Wenn Kohler (Kohler-Peiser, Ḫammurapis Gesetz S. 110) aus Ḫ. 39 folgert, daß nur das Erbgut dem Retrakt unterlag, so kann ich

Die Gemeinderschaft ergriff nicht notwendig das ganze Vermögen. Es konnten Vermögensteile von Anfang an ausgeschieden sein, und dann durfte über diese frei disponiert werden. Beispiel bei Meissner, Beiträge No. 39 S. 39:

Wegen eines Sar gewöhnlichen Hauses und 2 Sar „großen Hauses“, welches Sini-Ištar und Apil-ili, sein Bruder, die Söhne des Ilu-eriba, von Sin-muballit und seinen Brüdern, den Söhnen des Pirḫu, gekauft hatten, machte Sini-Ištar im Hause des Šamaš folgende Aussage: Von dem Gelde meiner Mutter habe ich es gekauft. Da es also nicht mit Geld, das zwischen uns ist (d. h. beiden Parteien gemeinschaftlich gehört) bezahlt ist, hat auch Eriba-Sin, der Sohn des Ubar-Sin, und seine Brüder kein Anrecht an das Haus und das „große Haus“. Niemals werden sie Ungültigkeitsklage erheben. Bei ihrem Könige schwuren sie.

7 Zeugen.

Mit Siegel der Zeugen . . . .

Im Monat Adar des Jahres des Ištar und Nanai.

VI. Die Gemeinderschaft des fränkischen Rechts erkennen wir aus der Lex Salica und aus den Quellen, welche das Warterecht der Erben aufweisen [1].

Der Heroldsche Text [2] lautet im Tit. 59, 6 (de alodis): De terra vero Salica, in mulierem nulla portio haereditatis

---

nicht beistimmen. Es handelt sich dort gar nicht um den Unterschied von Erbgut und Kaufgut, sondern von Lehen und Kaufgut. Die Lehen folgten aber anderen Grundsätzen als die Erbgüter. Für das Zugrecht im neubabylonischen Rechte vergl. Keilinschriftl. Bibl. IV (Peiser) S. 253 No. 56: Verzicht auf das Zugrecht an einer ausgeworfenen Mitgift.

1) Bernhöft in Z. vergl. RW. II, 270 berichtet von indischen und slavischen Gemeinderschaften.

2) Hessels No. 385.

transit, sed hoc virilis sexus acquirit, hoc est, filii in ipsa haereditate succedunt. Sed ubi inter nepotes aut pronepotes, post longum tempus, de alode terrae contentio sustiatur, non per stirpes sed per capita dividantur.

Hier liegt eine Gemeinderschaft[1] der salischen männlichen Erben mit Rücksicht auf das Grundvermögen vor. Die Deszendenten eines verstorbenen Gemeinders sollen, wenn es zur Teilung kommt, nicht nach Stämmen, sondern nach Köpfen abgeteilt werden. Dies ist der ältere Standpunkt, der die Idee des Hausvermögens sehr stark verwirklicht[2].

Das fränkische Warterecht, als typischer Ausfluß des Gemeinderschaftsprinzipes, ist namentlich durch Brunner[3] klargestellt worden. Die fränkischen Gemeinder leben als sog. Ganerben zusammen. Nur über einen bestimmten Teil des Hausvermögens durfte der Hausvater frei verfügen (Freiteil) und auch über diesen Teil — nach älterem Rechte — nur nach durchgeführter Abteilung mit seinen Söhnen[4]. Wahrscheinlich hatten die Kinder ein Warterecht am dritten Teile des Vatergutes. Erst ein Capitulare[5] von 818/19, welches sich in einzelnen Handschriften als salisches bezeichnet, aber gemeinfränkisches Recht schaffte, setzte fest, daß jeder Erbe über seinen Anteil frei dis-

---

1) Eine Gemeinderschaft ist auch in Capitulare IX c. 3 (Geffcken S. 88) vorausgesetzt: et si cum parentibus suis res paternas vel maternas non divisit, nec alicui quaerenti respondere nec etc. possit.

2) Spätere Rechte führen die Teilung nach Stämmen ein. Stobbe-Lehmann, DPR. II,[1] S. 303.

3) Beiträge zur Geschichte des germanischen Wartrechtes, Festgabe für Heinrich Dernburg, 1900. Fall einer Gemeinderschaft mit Akkreszenzrecht der Gemeinder in der U. v. 572, die von Brunner gegen Ficker richtig erklärt wird (S. 51 f.).

4) Vergl. das testamentum Albonis v. 739. Brunner a. a. O. S. 56.

5) Boretius, Capitularia I, 282. Das Muster einer Teilungsurkunde bei Marculf II, 14 (Zeumer, Formulae S. 84).

ponieren dürfe, auch wenn die Gemeinderschaft noch ungeteilt bestehe[1]. Sterbe er, ehe die Teilung vollzogen worden und die Übergabe des Teiles erfolgt sei, so solle der Missus oder der Graf die Gemeinder zwingen, mit dem Bedachten zu teilen.

So ist im fränkischen Rechte die straffe Gemeinderschaftsidee bis ins 9. Jahrhundert erhalten geblieben. Dann schwächte sie sich zusehends ab und verschwand in vielen Volkskreisen im Laufe des Mittelalters vollständig[2].

Durch das Institut der Gemeinderschaft gibt also das babylonische wie das fränkische Recht dem Familienverbande eine starke Stütze. Ihr Leitmotiv ist — um die trefflichen Worte Leists zu gebrauchen — nicht das Individualinteresse der Glieder, sondern das nicht in Quoten zerlegbare Wohl Aller[3].

§ 4. Ehe und eheliches Güterrecht.

I. Babylonier und Franken kennen nur die Einzelehe, nicht die Gruppenehe. Die Einzelehe ist monandrisch gestaltet. Eine Frau hat stets einen Mann. Nicht aber umgekehrt. Beide Völker weisen die Polygamie auf. Zwar erlaubte sie Ḫammurapi nur in einem Falle[4],

1) Et si nondum res suas cum coheredibus suis divisas habuit, non ei hoc sit impedimento (nämlich seinen Teil zu vergeben).

2) Cohn a. a. O. hat die universalgeschichtliche Bedeutung der Gemeinderschaften dargelegt.

3) Leist, Altarisches jus civile II, 141.

4) Ḫ. 142 setzt den Fall, daß der Ehemann Grund hat, seine Frau zu verstoßen, es aber vorzieht, sie nicht zu verstoßen, und ein zweites Weib nimmt. Das erste Weib wird „als Sklavin im Hause ihres Ehemanes wohnen bleiben“, heißt es am Schlusse. Nach der Sprache des Gesetzes ist hier auch Polygamie vorhanden. Juristisch jedoch muß die erste Ehe als aufgelöst angesehen werden; denn die Ehe mit der Sklavin ist keine rechte Ehe mehr. Die Kinder werden z. B. Unfreie, Ḫ. 171. Anders Kohler (Kohler-Peiser) S. 121, § 16. Zwei Ehefrauen erwähnt U. No. 706 bei KU. S. 190.

nämlich dann, wenn die erste Frau vom Aussatze befallen war.

Ḫ. 148. Gesetzt, jemand hat eine Ehefrau genommen, darauf hat Aussatz (?) sie ergriffen, (und) er hat sich vorgenommen, eine zweite zu nehmen, so darf er (sie) nehmen, seine Ehefrau, die der Aussatz (?) ergriffen hat, darf er auf keinen Fall verstoßen; im Hause, das er gegründet, darf sie wohnen bleiben; dann soll er sie, solange sie lebt, erhalten.

Aber neben dieser echten Polygamie gab es eine unechte. Wenn eine Ehefrau ihrem Manne keine Kinder geboren hatte[1], so durfte er eine Nebenfrau nehmen (Ḫ. 145). Die Stellung dieser Nebenfrau ist unsicher. Jedenfalls mußte sie sich der Ehefrau unterordnen und ihr grundsätzlich gehorchen[2]. Dagegen scheint sie dem Manne gegenüber in gleicher Position wie die Ehefrau gewesen zu sein (Ḫ. 137). Die Kinder waren ehelich[3]. Der Zweck dieser unechten Doppelehe war die Kinderzeugung. Deshalb durfte eine Nebenfrau nicht ge-

---

1) Nach der Bemerkung von E. Meyer, G. des Alt.[2] I, 2 S. 513: Neben der einen Hauptfrau hat der wohlhabende Mann immer „Nebenfrauen," scheint die Bedingung der Kinderlosigkeit nicht eingehalten worden zu sein.

2) Vergl. KU. S. 226. Unrichtig zitiert dort aber Kohler Ḫ 167 für die Gleichstellung von Haupt- und Nebenfrau. Siehe vor allem No 2 und 3, S. 4.

3) Darüber gibt die von Meissner (Aus dem altbabyl. Recht S. 23) zitierte Urkunde Aufschluß. Der Heiratsvertrag lautet:

Die Iltani, die Schwester der Taram-Sagila, hat von Schamaschschatu, ihrem Vater, Aradschamasch, der Sohn des Ki-ennam, zur Ehe genommen. Ihre Schwester Iltani wird sie (die Taram-Sagila) frisieren (?), ihr Wohlergehen (?) sich angelegen sein lassen und ihren Stuhl nach dem Tempel des Marduk tragen. Alle Kinder, die schon geboren sind und die sie noch gebären wird, sind ihrer beider Kinder. Wenn sie zu ihrer Schwester Iltani: Nicht bist Du meine Schwester spricht, (so soll sie aus dem Hause gehen (?), und wenn

nommen werden, wenn die Ehefrau ihrem Manne eine Sklavin gegeben und diese ihm Kinder geschenkt hatte (Ḫ. 145). Die Verbindung mit dieser Sklavin war keine Ehe. Sie blieb Unfreie, und ihre Kinder konnten nur durch einen besonderen Freilassungsakt auf die Stufe der ehelichen Kinder gestellt werden. Erfolgte zu Lebzeiten des Vaters ihre Freilassung nicht, so mußte diese zugunsten der Sklavin und ihrer Kinder nach dem Tode desselben vollzogen werden.

Ḫ. 170. Gesetzt, jemandem hat seine erste Gattin Kinder geboren, und auch eine Sklavin von ihm hat ihm Kinder geboren, (und) der Vater hat bei Lebzeiten zu den Kindern, die die Sklavin ihm geboren hat, „Meine Kinder" gesagt, indem er sie auf gleiche Stufe mit den Kindern der ersten Gattin gestellt hat, so sollen, nachdem der Vater verstorben ist, in Hab und Gut des Vaterhauses die Kinder der ersten Gattin und auch die Kinder der Sklavin sich gleichmäßig teilen; der Erbe, der von der ersten Gattin stammt, darf seinen Anteil auswählen und dann nehmen.

Ḫ. 171. Dagegen sollen, gesetzt, der Vater hat bei Lebzeiten zu den Kindern, die die Sklavin ihm geboren, „Meine Kinder" nicht gesagt, nachdem der Vater verstorben ist, in Hab und Gut des Vaterhauses die Kinder

---

Iltani zur Taram-Sagila: Nicht bist Du meine Schwester) spricht, so soll man ihr ein Mal und sie für Geld verkaufen. Wenn Arad-Schamasch zu seinen Frauen: Nicht seid Ihr meine Frauen spricht, soll er 1 Mine Silber bezahlen. Wenn beide aber zu ihrem Manne Arad-Schamasch: Nicht bist Du unser Mann sprechen, soll man sie erwürgen (?) und in den Fluß werfen.

Die Frauen sind nicht leibliche Schwestern. Sie werden Schwestern genannt als Frauen des männlichen Mannes.

Etwas anders lautet die Übersetzung der U. die Meissner im APR. No. 89 S. 71 gibt.

der Sklavin sich mit den Kindern der ersten Gattin keinesfalls teilen, die Freilassung der Sklavin und auch ihrer Kinder soll vollzogen werden; die Kinder der ersten Gattin dürfen gegen die Kinder der Sklavin keinerlei Ansprüche auf Hörigkeit erheben; die erste Gattin wird ihre Mitgift und auch die Gabe, die ihr Ehemann ihr gegeben (und) urkundlich ihr verschrieben hat, nehmen und dann in der Wohnung ihres (verstorbenen) Ehemannes wohnen bleiben; solange sie lebt, wird sie den Nießnutz haben; für Geld darf sie keinesfalls (etwas) weggeben; ihr Nachlaß gehört ausschließlich ihren Kindern.

Der Vater konnte also nach seinem Belieben den Kindern der Sklavin die Rechtsstellung ehelicher Kinder einräumen. Tat er dies, so hatten sie gleiches Erbrecht wie die echten Kinder. Andernfalls gingen sie leer aus[1].

Ob eine echte Ehe möglich war mit einer Sklavin (als Hauptfrau), ist unsicher[2].

II. Die fränkischen Quellen lassen erkennen, daß auch in Franken das Institut der Polygamie bekannt war[3]. Die Geschichte des fränkischen Königshauses weist eine Fülle von Beispielen auf. So nahm z. B. Chlothar I die Schwester seiner Gemahlin zur zweiten Frau. Eine stärkere Ausbreitung im Volke ist aber sicher nicht vorhanden gewesen. Neben der echten Ehe gab es, wie in Babylonien, eine mindere Ehe, die Kebsehe. Zu einem Vergleiche

---

1) Vergl. die Polemik von D. H. Müller gegen Mitteis in Wiener Z. f. Kunde des Morgenlandes B. 19 S. 182 ff.

2) Dafür Kohler in KU. S. 226. Aber die bloße Wendung „Frau des NN“ z. B. in No. 139 liefert noch keinen Beweis.

3) Dafür ist vor allem der Aufsatz von Brunner in ZRG. XVII über die uneheliche Vaterschaft nach germanischen Rechten zu vergleichen. Dazu Weinhold, Die deutschen Frauen in dem Mittelalter II, 14 f.

mit der babylonischen Nehenfrauen-Ehe reichen die Quellen nicht aus. Aus der merovingischen Königsgeschichte erfahren wir[1] nur, daß die anerkannten Söhne einer Kebsehe gleiches Erbrecht hatten, wie die echten Söhne, was eine Parallele zu der erbrechtlichen Stellung der Kinder der babylonischen Nebenfrau ergibt. Die Kebsehe war eine Ehe ohne mundium. Die Frau war weder desponsata noch dotata[2].

Die Untersuchung Brunners hat zu keinem sicheren Ergebnis geführt in der Frage, ob den Unehelichen im fränkischen Reiche ganz allgemein ein Erbrecht gegen ihren Vater zukam oder nicht[3]. Aber eine salfränkische Formel aus Sens[4] zeigt in anderer Richtung eine wichtige Übereinstimmung mit dem babylonischen Rechte: Das mit der eigenen Sklavin erzeugte, unechte Kind eines Freien war unfrei. Es konnte durch einen Freilassungsakt des Vaters die Freiheit erlangen.

Beide Rechte gehen also vom Grundgedanken aus,

---

1) Brunner a. a. O. 4 ff.

2) Eine solche Ehe hat z. B. Lex Sal. XIII, 10 im Auge: Si quis sponsam alienam tulerit et eam sibi in coniugio copulaverit, MMD dinarios qui faciunt solidos LXII cum dimidio culpabilis judicetur.

3) Vergl. a. a. O. 23 ff.

4) Zeumer, Formulae 204. Cartae Senonicae 42. Hereditoria. Dulcissima filia mea illa ille. Dum non est incognitum, sed per populum devulgatum et patefactum, quod ego in ancilla mea nomen illa tibi generavi et postea ante domno illo rege, iactante denario, secundum lege Salica tibi ingenua demissi et tu minime in hereditate mea sociare potabas, propterea ego hanc cartolam hereditoria in te fieri et adfirmare rogavi. . . . . .

Die freigelassene, unfreie Tochter hatte aber neben echten Söhnen des Erblassers kein Intestaterbrecht. Nur durch väterliche Verfügung konnte sie zur Erbin erhoben werden, also abweichend von H. 170.

daß die im Konkubinat mit Unfreien erzeugten Kinder, dem Stande der Mutter folgen.

III. Die Ehe war in Babylonien wie in Franken Kaufehe. Die Frau selbst oder das mundium (die Gewalt über sie) war Gegenstand des Kaufes [1]. Nur die Kaufehe galt als wahre Ehe. Die Ehe ohne Kaufvertrag war keine rechte Ehe [2]. Die Kinder aus einer solchen waren keine ehelichen Kinder.

Ḫ. 128. Gesetzt, jemand hat eine Ehefrau genommen, jedoch einen Vertrag in Beziehung auf sie nicht abgeschlossen, so gilt das betreffende Weib gar nicht als Ehefrau.

Im Appendix der Cartae Senonicae 1 [3] heißt es: Ideoque ego ille, dum non est incognitum, ut femina aliqua nomen illa bene ingenua ad coniugium sociavi uxore, sed qualis causas vel tempora mihi oppresserunt, ut cartolam libellis dotis ad ea, sicut lex declarat, minime excessit facere, unde ipsi filii mei secundum lege naturalis appellant.

Auch deuten der Titel 44, der vom Reifgeld der wiederheiratenden salischen Witwe spricht, und Tit. 72 auf die Kaufehe [4].

Spuren einstiger Raubehe finden sich bei Ḫammurapi nicht. Dagegen wird in Tit. XIII, 10

1) Die Quellen lassen nicht erkennen, welche Auffassung herrschte.

2) Ḫ. 139: Gesetzt ein Mahlschatz ist nicht vorhanden, so soll er ihr 1 Mine Silber als ihr Scheidegeld geben. Ich vermute, daß auch hier eine Kaufehe vorliegt, daß sich aber der Brautvater mit einem symbolischen Kaufpreis begnügte.

3) Zeumer, Formulae 208. Vergl. dazu Gregor v. Tours IX 33 und Stobbe-Lehmann, Handbuch des DPR. IV, 12.

4) Schröder (Geschichte des ehel. Güterrechts I, 64) hat es höchst wahrscheinlich gemacht, daß die fränkische dos aus dem alten Kaufpreis (Mundschatz) entstanden ist.

des salischen Rechts der Raub als eheschließender Akt noch anerkannt, wenn er auch eine minderwertige Ehe herbeiführte[1].

IIII. Den Eheschluß scheiden beide Rechtssysteme in zwei Teile, die man als Verlobung und Trauung bezeichnen kann.

Soviel sich aus den wenigen Quellenstellen ersehen läßt, bestand der erste Teil des Eheschlusses, die Verlobung, bei Ḫammurapi in dem Abschluß des Kaufvertrages und der Zahlung des Kaufpreises durch den Bräutigam.

Ḫ. 159. Gesetzt, jemand, der in das Haus seines Schwiegervaters Geschenke hat bringen lassen (und) den Mahlschatz gegeben hat, hat auf ein anderes Weib ein Auge geworfen und deshalb zu seinem Schwiegervater gesagt: „Deine Tochter werde ich keinesfalls heiraten", so trägt der Vater des Mädchens das, was ihm gebracht worden ist, davon.

160. Gesetzt, jemand hat in das Haus seines Schwiegervaters Geschenke bringen lassen (und) den Mahlschatz gegeben, darauf hat der Vater des Mädchens gesagt: „Meine Tochter werde ich Dir keinesfalls geben", so soll er alles, was ihm gebracht worden ist, doppelt zurückgeben.

In beiden Fällen ist der Mahlschatz, der Kaufpreis gezahlt, die Ehe aber noch nicht geschlossen. Es kommt hier gar nicht zum Eheschluß. Die Verlobung wird einseitig aufgelöst. Der Widerrufende kann unter Verlust des Kaufgeldes vom Vertrage zurücktreten. Gründe braucht er nicht anzugeben.

Die Trauung bildete in Babylonien vermutlich die,

---

1) Dargun, Mutterrecht und Raubehe 26 f.; Schröder, DRG.⁵ 315.

von Zeremonien[1] begleitete Übergabe der Braut an den Bräutigam. Wie diese Übergabe vor sich ging, etwa durch tatsächliche körperliche Tradition, ist völlig unsicher. Dagegen steht fest, daß mit der Trauung nicht notwendig die Übergabe der Braut ins Haus des Bräutigams verbunden war[2] und daß die Vollziehung des Beilagers nicht zum Eheabschluß gehörte. Ḫ. 130 spricht von einer Ehefrau, „die vom Manne noch nichts weiß", also noch jungfräulich gedacht ist.

Das Recht der Übergabe, d. h. der Trauung, stand beim Vater des Mädchens[3]. Dies geht aus Ḫ. 160 und aus 166 hervor, welch letzterer beginnt: Gesetzt, jemand hat den Söhnen, die er bekommen hat, Ehefrauen genommen, einem minorennen Sohn von sich (aber) hat er eine Ehefrau (noch) nicht genommen[4]. Ebenso aus 155 und 156. Da dort der Vater den Mahlschatz bekommt, ist anzunehmen, daß er auch der Verlober war.

Das babylonische Mädchen hatte ein Selbstbestimmungsrecht beim Eheschluß nicht[5]. Sie konnte gegen die Wahl des Ehemanns keinen Einspruch erheben. Jedoch deutet die Formel: „den Ehemann, der nach ihrem Herzen ist, darf sie heiraten" darauf hin, daß in gewissen Fällen der Wille der Frau entscheidend war. Diese Formel tritt auf z. B. in Ḫ. 137 zugunsten einer verstoßenen Frau und in Ḫ. 172, 2 zugunsten der Witwe, die den Bei-

---

1) Meissner, APR. 14 erklärt den Sinn dieser Zeremonien für unverständlich.

2) Dies geht aus dem 1. Satze von Ḫ. 176 hervor.

3) Die Mutter als Verlober bez. Übergeberin der Tochter an den Ehemann bei KU. No. 1 und 6.

4) Siehe auch den Ehevertrag bei Meissner, APR. No. 89 S. 71.

5) Meissner, APR. 13. Vergl. auch Ḫ. 160 und 161. Noch im neubabylonischen Rechte wird die Tochter vom Vater zur Ehe gegeben. Beiträge zur Assyr. IV, 425.

sitz mit ihren Kindern aufgibt, weil sie diese schikanieren [1].

Die Frau ist zur ehelichen Treue verpflichtet (Ḫ. 131 f.) und tritt vollständig unter die Munt des Mannes. Die eheherrliche Gewalt ist so potenziert, daß der Ehemann die Frau in Schuldknechtschaft verkaufen (Ḫ. 117) [2] und im Falle des Ehebruchs über ihr Leben verfügen kann [3]. Ein Tötungsrecht steht dem betrogenen Ehemann aber nicht zu. Die Frau wird ins Wasser geworfen, wenn ihr Ehemann sie nicht begnadigt.

Nach außen, Dritten gegenüber, war ihre Stellung relativ selbständig. Sie schließt Rechtsgeschäfte ab und erscheint in den Urkunden als Zeuge [4].

V. Das salische Recht weist die nämlichen Grundgedanken auf. Daß es das Stadium der Verlobung als ein der Ehe vorgängiges Stadium kannte, ergibt sich u. a. aus folgenden drei Stellen:

Lex Sal. XIII, 10. Si quis sponsam alienam tulerit et eam sibi in coniugio copulaverit, MMD dinarios qui faciunt solidos LXII cum dimidio culpabilis iudicetur.

---

1) Ḫ. 177 spricht der Witwe, welche unmündige Kinder hat, das Recht der Wiederheirat mit richterlicher Erlaubnis zu.

2) Verkaufsrecht des Ehemannes in anderen Fällen: Meissner, APR. 6 und No. 89 S. 71.

3) Ḫ. 129. Gesetzt, jemandes Ehefrau ist dabei ertappt worden, wie sie bei einem andern Manne ruhte, so wird man sie (beide) binden und dann ins Wasser werfen; gesetzt, der Eigentümer (!) der Ehefrau will seine Ehefrau am Leben lassen, so wird auch der König seinen Knecht am Leben lassen.

Dies ist öffentliche Strafe, nicht Ausübung eines privaten Racherechtes durch den Ehemann. Vergl. Ḫ. 133b, wo der Ehemann nicht als anwesend gedacht ist. Auch E. Meyer, G. des Alt.[2] I, 2 S. 513 nimmt an, daß der Staat die Strafe verhängte, „nicht der Blutsverband und die selbstherrliche Macht des Familienvaters.“

4) Vergl. Meissner, APR. 14 und für die spätere Zeit Kohler-Peiser III, 8 und IV, 10.

Der Raub der Braut (nicht Frau)[1] wird mit 62½ Sol. bestraft[2].

Lex Sal. XV. Si quis hominem ingenuum occiderit aut uxorem alienam tulerit a vivo marito VIIIM dinarios qui faciunt solidos CC culpabilis iudicetur.

Der Raub der Frau wird mit dem Wergelde bestraft.

Lex Sal. Extrav. A c 1 (Cod. 10; Hessels 420). De eo qui Filiam alienam acquisierit et se retraxerit.

Si quis filiam alienam ad coniugium quaesierit, praesentibus suis et puellae parentibus, et postea se retraxerit, et eam accipere noluerit, malb. frifrasigena, MMD den. qui fac. sol. LXII et dimidium culp. iud.

Der Verlöbnisbruch wird mit 62½ Sol. bestraft, eine Muntbrüche, die an den Vormund der Braut zu zahlen ist[3].

Den allgemeinen deutschen Grundsätzen zufolge ist anzunehmen, daß auch die salische Verlobung in dem Abschluß des Kaufvertrages bestand. Der Inhaber der Munt, der Vater oder Vormund, erhielt dabei eine Verlobergebühr von 1 Schilling und 1 Denar: Dum et ego tibi per solido et dinario secundum legem Salicam visus

---

1) Mit Geffcken (S. 122) sehe ich darin einen Rest der Raubehe, die bei Ḫammurapi völlig fehlt. Über die Anerkennung der Raubehe im Pactum Alamannorum siehe neuestens Opet, Zum Brautkauf nach altalamannischem Recht, in Festgabe der Kieler Juristen-Fakultät zu Hänels Doktor-Jubiläum 1907.

2) Nach Zusatz IV (Geffcken S. 13): Si quis puella sponsata dructe ducentem in via adsallierit et cum ipsa violenter mechatus fuerit, solidos CC culpabilis iudicetur, ist das Wergeld (200 Sol.) verwirkt. Sohm (Rechte der Eheschließung S. 76) sieht darin einen Beleg für seine Ansicht, daß die Gewalt gegen die Braut und die Gewalt gegen die Frau gleich bestraft wird. Das ist unrichtig. Denn hier handelt es sich um eine Entführung mitten aus dem Hochzeitszuge heraus und zugleich um eine Notzucht, während in XIII, 10 eine einfache Entführung zum Zwecke des Eheschlusses vorliegt.

3) Vergl. Löning, Der Vertragsbruch und seine Rechtsfolgen 144.

fui sponsavi, heißt es in einer salfränkischen Formel[1]. Zugleich wurde die Höhe des Wittums vereinbart[2]. Der Kaufpreis fiel nämlich nicht mehr an den Verlober, sondern hatte sich zum sogenannten Wittum ausgebildet d. h. zu einer Gabe des Mannes an seine Frau, welche die Quellen dos nennen[3].

Die Trauung enthielt wohl die Übergabe der Braut an den Bräutigam und deren Aufnahme von seite des Bräutigams. Die Quellen gebrauchen den Ausdruck accipere[4]. In der Regel wurde bei der Übergabe der Braut das Wittum (dos) ausgehändigt[5].

Die Trauung scheint im salischen, wie im babylonischen Rechte kein bloßer Vollzugsakt, sondern ein wirkliches Rechtsgeschäft gewesen zu sein. Übereinstimmend mit Ḫammurapi hatte das Beilager keine ehebegründende Kraft[6].

Die eheherrliche Gewalt des Mannes, die Munt, war insofern sicher schwächer entwickelt, als von einem Verkaufsrecht des Ehemannes, selbst in Fällen der Not die Quellen nichts wissen. Ein Tötungsrecht hatte auch der

---

1) Form Big. 6 (Zeumer 230). Andere Belege bei Schröder, Gesch. ehel. Güterr. I, 55.

2) Zahlreiche Belege bei Schröder a. a. O. I, 64 Anm. 3.

3) Vergl. vor allem Lex Sal. 73 (Geffcken S. 66).

4) z. B. Tit. 44 (de reipus) und die oben abgedr. Extrav.-Stelle.

5) Lex Sal. 73 geht davon aus, daß jede Frau eine dos empfangen hat (dotem quem primarie uxorem dedit (vir). Schröder a. a. O. 66 Anm. 10 zitiert eine Urkunde von 774, aus der hervorgeht, daß die dos schon vor dem Hochzeitstage bestellt werden konnte. Nach der Formul. Sal. Big. 6 (Zeumer 230) scheint die dos am Verlobungstage versprochen und am Hochzeitstage ausgehändigt worden zu sein. Ebenso in Form. Sal. Lindb. 7 (Zeumer 271).

6) Es ist keine Stelle nachweisbar, welche der copula carnalis eine derartige Bedeutung beilegen würde.

fränkische Ehemann grundsätzlich seiner ehebrecherischen Gemahlin gegenüber nicht[1].

Wie weit das Selbstbestimmungsrecht des Weibes beim Eheschluß ausgebildet war, bleibt unsicher[2]. Darin stimmen die beiden Rechtssysteme überein, daß sie die Witwe in dieser Beziehung freier behandeln. Das salische läßt die wiederheiratende Witwe als selbständige Vertragspartei auftreten. Der Titel 72 trägt die Überschrift: de muliere vidua qui se ad alium maritum donare voluerit[3].

Die Babylonier, wie die Franken anerkennen ein Conubium zwischen Freien und Unfreien, gewähren also in dieser Beziehung den Unfreien das Recht der Persönlichkeit. Die Rechtsfolgen aber, welche sie an diese Heiraten anknüpfen, sind ganz verschiedener Natur und bieten daher für unsere Vergleichung kein Objekt[4].

---

1) Schröder, Gesch. des ehel. Güterrechts I, 174 Anm. 4 nennt die Volksrechte, welche ein Tötungsrecht des Mannes enthalten. Im salischen Rechte stand vielleicht der ganzen Sippe diese Befugnis zu.

2) Da die Praeceptio Chlothars II 584—628 (Capitularia I 19) in cap. 7 nur den königlichen Heiratszwang abschaffte, scheint er im übrigen bestanden zu haben. L. Sal. 71 (consilio parentum) deutet nur auf das Verloberrecht der Eltern, nicht aber auf einen Zwang. Die Decretio Childeberts II (Boretius Cap. I 16) c 4 nimmt Rücksicht auf die Zustimmung des entführten Weibes. Der Entführer, der in einer Kirche Aufnahme gefunden hat, wird nur verbannt, wenn die Entführte zustimmte, und erleidet ohne solche Zustimmung den Tod. Daraus kann jedoch ein Argument für oder gegen das Konsensrecht des Weibes beim Eheschluß nicht gewonnen werden.

3) Der Text beginnt: Si quis mulier vidua post mortem mariti sui ad alterum marito se dare voluerit, prius qui eam accipere voluerit reibus secundum legem donet.

4) Vergl. Ḫ. 175, 176 und 176a mit Lex Sal. XIII, 8 und 9; XXV, 5 und 6 sowie Capitul. IX c. 3 und Capitul. II c 1. Siehe auch Cohn, Die Gesetze Ḫ. S. 16f. Die babylonischen Rechtsverhältnisse

VI. Auch das eheliche Güterrecht der Babylonier und der Franken zeigt verschiedene gleichartige Elemente. In beiden Systemen begegnen uns der Kaufpreis, die Aussteuer und eine besondere Gabe des Mannes an seine Frau.

1. Der Kaufpreis, tirḫatu, von Ungnad mit Mahlschatz übersetzt, wird dem Brautvater gegeben.

Ḫ. 159 und 160 S. 74.

Ḫ. 163. Gesetzt, jemand hat eine Ehefrau genommen, das betreffende Weib jedoch ist, ohne daß sie ihn Kinder hat bekommen lassen, verstorben, so darf — gesetzt, den Mahlschatz, den der Betreffende in das Haus seines Schwiegervaters gebracht hat, hat ihm sein Schwiegervater zurückgegeben, — auf die Mitgift des betreffenden Weibes ihr Ehemann keinerlei Ansprüche erheben: ihre Mitgift gehört ausschließlich ihrem Vaterhause.

Ḫ. 164. Gesetzt, sein Schwiegervater hat den Mahlschatz ihm nicht zurückgegeben, so darf er von ihrer Mitgift den vollen Betrag ihres Mahlschatzes abziehen; darauf soll er ihre Mitgift ihrem Vaterhause zurückgeben.

Das Gesetz Ḫammurapis steht noch auf dem Standpunkte, daß der Kaufpreis grundsätzlich in der Hand des Schwiegervaters verbleibt [1], also noch eigentlicher Kaufpreis ist [2]. Nur hatte es die Sitte offenbar mit sich gebracht, daß der Schwiegervater den Mahlschatz zurückgab, wenn die Ehe als eine kinderlose durch den Tod der Frau gelöst worden war.

Aber etwa hundert Jahre nach Ḫammurapis Regie-

lassen sich nicht sicher überblicken, weil 175 und 176 einen Spezialfall, die Ehe von Personen einer privilegierten Sklavenklasse mit einer Freien aus dem Patrizierstande, im Auge haben.

1) Vergl. z. B. U. bei KU. No. 6 S. 5.

2) Er schwankte zwischen einem Sekel und einer Mine. Meissner APR. 14. KU. No. 462 S. 129.

rung, in der Zeit des Königs Ammiditana ist das babylonische Recht auf der nämlichen Entwicklungsstufe angelangt [1], die uns im salischen Volksrechte entgegentritt: der Kaufpreis fällt an die Frau. Sein Zweck ist vornehmlich Witwenversorgung. Er wird zum Wittum und wird während der Ehe vom Manne verwaltet [2].

Aus KU. No. 10 [3]. (Ammiditana) . . . . alles dies hatte Sin-erîbam, ihr Vater, der Sohn des Awîl-Sin der Lamassatum, der Marduk-Priesterin und Zêrmašîtu, seiner Tochter, im Hause der Anunitum bei ihrem Verlöbnisse bestimmt. Darauf haben Subultum, ihre Mutter, Kêšat-Sin, Jgmil-Sin und Sippar-lîšer, ihre Brüder, die Söhne des Sin-erîbam, (es) ihr gegeben, worauf sie sie ins Haus des Ilušu-bâni, ihres Ehemannes, des Sohnes des Sin-idinnam, hineingehen ließen; darauf wurden (die genannten Dinge) ihm gegeben. Nachdem 1/3 Mine Silber, ihre Tirḫâtu, an ihren Gürtel (?) gebunden und alsdann dem Ilušu-bâni, ihrem Gatten, zurückgebracht worden ist, sind für alle Zeiten ihre Kinder ihre Erben. Bei Šamaš, Marduk und König Ammiditana schworen sie.

Die Tirḫâtû, der Mahlschatz, wird also durch eine formelle Rechtshandlung (Binden an den Gürtel der Frau)

---

1) Schon D. H. Müller hat in Wiener Zeitsch. f. Kunde des Morgenlandes B. 19 S. 383 darauf aufmerksam gemacht, daß der Kaufpreis zur Ḫammurapis Zeit als Überbleibsel einer alten Einrichtung angesehen worden war.

2) KU. S. 227. Das Wittum kann aber auch freies Vorbehaltsgut der Frau werden. Doch dies war nicht die Regel.

3) Vergl. auch No. 9, wo der Mahlschatz an den Geber, den Schwiegervater der Frau, zurückfällt. Da aber zugleich gesagt ist: die Kinder sind ihre (der Frau) Erben, so ist anzunehmen, daß der Schwiegervater den Mahlschatz doch wieder seiner Schwiegertochter aushändigte. Dazu auch No. 483. Früher war die Bedeutung des Mahlschatzes sehr streitig. Vergl. Cohn a. a. O. 24 und Jeremias (Moses und Ḫammurapi) 12.

dem Manne zurückgebracht in der Weise, daß die Frau Eigentümerin wird. Heißt es doch, daß die Kinder ihre Erben seien.

Ḫ. 159 und 160 weisen neben dem Kaufpreis noch besondere Geschenke auf, welche der Bräutigam seinem Schwiegervater ausrichtete. Ob diese Geschenke eine rechtliche Funktion hatten oder lediglich der Sitte entsprachen, bleibt zweifelhaft.

Aus dem salischen Rechtsgebiete erfuhren wir bereits, daß sich der Kaufpreis in eine Gabe des Ehemannes an seine Frau umgewandelt hatte, in die dos [1] oder das Wittum. Der Verlober mußte sich mit einer geringen Verlobergebühr begnügen [2]. Das gebräuchliche Wittum betrug anfangs 62½ Schillinge, nahm aber schon im Laufe des 6. Jahrhunderts einen größeren Umfang an, indem man der Frau in der Regel ein Dritteil vom beweglichen und unbeweglichen Vermögen des Mannes (die sog. tercia) als dos zu bestellen pflegte [3]. Häufig wurde der Frau vom Manne volle Verfügungsfreiheit über die dos eingeräumt [4], so daß sie unter Lebenden darüber disponieren konnte.

Ja fränkische Formeln zeigen, daß die Frau sogar von

---

1) Einflüsse des römischen Rechts auf das salische Dotalsystem hat Brunner nachgewiesen in Berliner Sitz.-Ber. 1894 S. 564 (Über die fränkisch-romanische Dos).

2) Vielleicht ist der in KU. No. 11 genannte 1 Sekel Silber auch eine solche babylonische Verlobergebühr.

3) Für die zur dos gegebenen Gegenstände vergl. Sandhaas, Fränk. ehel. Güterrecht (1866) S. 52f.

4) Diese Verfügungsfreiheit der Frau hat Brunner gegen Ficker ins richtige Licht gerückt: Zur Geschichte des germanischen Wartrechtes S. 50ff. in der Festgabe für Heinrich Dernburg. Vergl. auch Schröder I, 92 u. 127, u. Sandhaas a. a. O. 60.

Todes wegen über die dos frei verfügen durfte (Form. Marculf II, 15 u. 17, und Form. Sal. Lind. 7)[1].

Während der Ehe hatte jedenfalls der Mann Verwaltung und Nutznießung der dos, kraft seiner Munt[2].

2. Die Aussteuer, babylonisch sheriktu, von Ungnad als Mitgift übersetzt, war eine Gabe des Brautvaters an die Braut, anläßlich der Eheschließung (Ḫ. 183). Sie war in der Regel größer als der Mahlschatz (Ḫ. 164) und bestand hauptsächlich aus Hausgeräten[3], vielleicht auch aus Geld und Sklaven. Grundbesitz wird sie zur Zeit Ḫammurapis kaum umfaßt haben[4]; denn Ḫ. 137 bestimmt, daß der verstoßenen Frau neben ihrer Mitgift „ein bißchen Feld, Garten und bewegliche Habe gegeben werden solle, so daß sie ihre Kinder groß ziehen könne", eine Norm, die darauf hinweist, daß die Aussteuer Immobilien nicht enthielt[5]. Andererseits kann sie auch nicht allzu bescheiden gewesen sein. Nach Ḫ. 183 galt sie als Erbabfindung, und nach Ḫ. 164 überstieg sie, wie erwähnt, den Kaufpreis.

Die Mitgift ging nicht ins Eigentum des Mannes. Sie verblieb der Frau und fiel bei ihrem Tode, wenn die Ehe bekindert war, an die Kinder (Ḫ. 162). Während der Ehe

---

1) Siehe auch Form. Andegav. 34 § 1: puella sponsa mea illa abiat, teneat, possedeat, faciat quod voluerit.

2) So auch Heusler, Institutionen II, 309.

3) So Meissner, APR. 14.

4) Cohn, der a. a. O. 25 eine Immobiliarmitgift annimmt, kann für seine Ansicht nur Zeugnisse aus dem neubabylonischen Rechte beibringen.

5) In der Urkunde bei KU. No. 9 S. 6, in der die Mitgiftgegenstände der Liwir-Esaggil auf das ausführlichste aufgezählt sind, finden sich Immobilien nicht. Ebenso in No. 10 S. 7 u. 483 S. 135. Dagegen weist No. 415 (S. 113) eine Immobiliarmitgift auf.

scheint der Mann die Verwaltung und wohl auch die Nutznießung gehabt zu haben [1].

Auch die Salier kannten die Aussteuer.

Lex Sal. 100 (Capitulare V, 2). De chane creudo. Si quis pater aut parentella quando filia sua ad marito donat, quantum ei in nocte illa quamlibet rem donavit, totam 'extra partem incontra fratres suos vindicet. Similiter quando filius suus capillaturias facit, quicquid ei donato fuerit, extra parte hoc teniat, et reliquas res equale ordine inter se dividant.

Die salische Aussteuer, welche der Brautvater der Braut mitgab, war also, im Gegensatz zur babylonischen, nicht Erbabfindung. Sie setzte sich in der Regel zusammen aus Mobilien [2] und nahm wohl nur bei den Vornehmsten, so im Königshause, größere Ausdehnung an [3]. Wo die Aussteuer aus Hausgerät und Gegenständen bestand, die zum persönlichen Gebrauche der Frau dienten, blieb sie jedenfalls in der Verfügungsgewalt der Frau. Andere Objekte dagegen fielen in Verwaltung und Nutznießung des Mannes [4].

3. Das dritte, da und dort vorkommende Element im ehelichen Güterrecht, war das Geschenk des Mannes an die Frau, ein Geschenk, das wohl unmittelbar nach dem

---

1) So nach der oben S. 81 zitierten U. aus KU. In H. 137 heißt es: der Ehemann habe der Frau die Mitgift zurückgegeben; in H. 142: ihre Mitgift darf sie nehmen. H. 172: man soll ihr ihre Mitgift erstatten. Diese Wendungen deuten entschieden auf Besitz und Verwaltung des Mannes.

Wenn Cohn a. a. O. 32 die freie Verfügungsgewalt der Frau aus H. 146 u. 147 ableiten will, so ist dies sehr unsicher; denn jene Sklavin, welche die Frau verkaufen darf, braucht nicht aus ihrer Mitgift zu stammen. Für Nutznießung des Mannes auch Kohler-Peiser 119.

2) Vergl. Marculf II, 10 (Zeumer, Formulae 82) und Lex Sal. 72.

3) Schröder, Gesch. des ehel. Güterr. I, 123.

4) Vergl. die bei Schröder a. a. O. I, 127 Anm. 7 abgedruckte Stelle von Gregor v. Tours.

Eheabschluß gemacht wurde. Die deutschen Quellen sprechen von Morgengabe. Das Geschenk wurde am Morgen nach der Brautnacht überreicht und bedeutete ursprünglich eine Gegengabe an die junge Frau für ihre Hingabe an den Mann.

Ob dieses Geschenk im babylonischen Rechte die nämliche Bedeutung hatte, wissen wir nicht[1]; ebensowenig aus welchen Gegenständen die Gabe bestand[2]. Es heißt nudunnu, und Winckler übersetzt es mit Morgengabe, ohne aber diese Übersetzung zu rechtfertigen[3]. Ungnad dagegen spricht farbloser von „der Gabe, die ihr ihr Ehemann gegeben hat“.

Dagegen geht aus dem Codex hervor, daß diese Morgengabe auf dem besten Wege war, aus einer freiwilligen Gabe sich in eine gesetzliche zu verwandeln, wie wir dies in einzelnen deutschen Rechten verfolgen können[4].

Ḫ. 172, 1. Gesetzt, ihr Ehemann hat ihr eine Gabe nicht gegeben, so soll man ihr nicht nur ihre Mitgift im vollen Betrage erstatten, sondern sie wird auch von Hab und Gut des Hauses ihres (verstorbenen) Ehemannes einen Anteil entsprechend (dem) eines einzelnen Erben nehmen.

---

1) D. H. Müller tritt in Wiener Z. f. Kunde des Morgenlandes unbedingt für die Bedeutung als Morgengabe (prix de coucher) ein, S. 386.

2) Wäre in Ḫ. 150 diese Morgengabe gemeint, so stände fest, daß sie Mobilien und Immobilien enthalten konnte. D. H. Müller (a. a. O. 387) hat aber wahrscheinlich gemacht, daß es sich um eine andere eheliche Schenkung handelt.

3) Winckler, Die Gesetze Ḫammurapis S. 38 Anm. 4. Meissner, APR. 14 Anm. 1—3 spricht auch von Morgengabe. Er verwendet den Ausdruck aber nicht immer richtig, z. B. in No. 88.

4) Nach Lex Ribuaria 37 hatte die überlebende Frau, wenn ihr eine Morgengabe nicht bestellt worden war, Anspruch auf eine gesetzliche Morgengabe, die im dritten Teile der ehelichen Errungenschaft bestand.

Gewährte also der Ehemann eine Morgengabe nicht, so konnte die Frau Anspruch auf einen Kindesteil[1] erheben, wenn ihr Mann starb. War ihr eine Morgengabe ausgesetzt und urkundlich verschrieben, so durfte sie nach dem Tode des Mannes die Gabe nehmen und die Nutzungen daraus ziehen. Die Substanz war den Kindern verfangen (Ḫ. 171). Daraus ergibt sich höchst wahrscheinlich, daß während bestehender Ehe Verwaltung und Nutzung beim Manne lagen.

Auch über die salische Morgengabe ist wenig bekannt. Schröder[2]) vermutet, daß das Errungenschaftsdrittel, welches der Mann seiner Frau einräumte, ursprünglich die Funktion der Morgengabe hatte. Daß das Rechtsinstitut der Morgengabe als eines matutinale donum im salischen Gebiete ausgebildet war, bezeugt der Vertrag von Andlau (587)[3], wo von einer Immobiliarmorgengabe die Rede ist Ebenso erhalten wir aus dem ribuarischen Volksrechte Kunde von der Morgengabe (Lex Rib. 37). In späterer Zeit verschmolz sie mit der dos zu e i n e r Gabe[4].

VII. Nach all dem zeigt sich, daß eine Hauptgrundlage des ehelichen Güterrechts in Babylonien und in Franken die nämliche ist: d a s E i g e n t u m d e s M a n n e s u n d d e r F r a u b l e i b t g e t r e n n t. D e r M a n n h a t a b e r a m F r a u e n g u t g r u n d s ä t z l i c h V e r w a l t u n g

1) Warum Kohler-Peiser 119 (Hammurabis Gesetz) hier von Sohnesteil sprechen und S. 98 in § 172 Kindesteil übersetzen, ist nicht verständlich.

2) RG.[5] 326 f.

3) Boretius, Capitularia I, 13. Über das Schicksal der Morgengabe beim Tode des Mannes, Schröder I, 155 beim Tode der Frau, 172.

4) Schröder, RG.[5] 327, meint, der Name Morgengabe sei dann an einer freiwilligen Liebesgabe, die in beweglichen Sachen bestand, hängen geblieben.

und Nutznießung. Man könnte demnach beide Systeme mit dem technischen Ausdruck der Verwaltungsgemeinschaft bezeichnen, wenn nicht Ḫ. 151 und 152 eine Norm aufstellten, welche mit diesem System im schroffsten Widerspruche steht.

Ḫ. 151. Gesetzt, ein Weib, das in jemandes Hause wohnhaft ist, hat, daß Gläubiger ihres Ehemannes sich nicht an sie halten dürfen, ihren Ehemann vertragsgemäß verpflichtet (und) ihn eine Urkunde ausfertigen lassen, so dürfen, — gesetzt, auf dem Betreffenden lastet, schon ehe er das betreffende Weib genommen, Zinsverpflichtung — seine Gläubiger sich an seine Ehefrau keinesfalls halten; ebenso dürfen — gesetzt, auf dem betreffenden Weibe lastet, schon ehe sie in das Haus des Betreffenden eingezogen ist, Zinsverpflichtung, — ihre Gläubiger sich an ihren Ehemann keinesfalls halten.

Ḫ. 152. Gesetzt, nachdem das betreffende Weib ins Haus des Betreffenden eingezogen ist, ist auf sie (beide) Zinsverpflichtung gekommen, so sollen sie beide den Gläubiger befriedigen.

Soweit die Frau demnach nicht durch einen urkundlichen Vertrag das Gegenteil ausgemacht hatte, haftete ihr Gut für voreheliche Schulden des Mannes. Für Mannesschulden während der Ehe hatte sie unbedingt einzustehen. Auch der Mann haftete für Verbindlichkeiten der Frau, die während der Ehe begründet wurden (Ḫ. 152). Nicht aber für ihre vorehelichen Schulden [1].

Ein solches System der Schuldenhaftung stimmt mit dem deutschen System der Verwaltungsgemeinschaft nicht überein. Nach dieser Richtung ist eine grundsätzliche Abweichung vom salischen ehelichen Güterrecht gegeben.

---

1) Vergl. die überzeugende Polemik Cohns a. a. O. 31 Anm. 117, sowie Kohler-Peiser (Hammurabis Gesetz) 119.

VIII. Bei Auflösung der Ehe durch den Tod eines Ehegatten trat das beiden Völkern bekannte Verfangenschaftsrecht der Kinder aufs deutlichste hervor.

Starb die Frau, so ging bei Ḫammurapi ihre Mitgift nicht an den Geber, ihren Vater, zurück, sondern blieb den Kindern verfangen. Der überlebende Ehemann hatte nur den Nießbrauch[1] daran. Eigentümer waren die Kinder. War die Ehe kinderlos geblieben, so nahm das Vaterhaus der Frau die Mitgift zurück. Der Mann durfte höchstens den Betrag des Kaufpreises davon abziehen.

Ḫ. 162 (Ḫ. 163 u. 164 siehe oben S. 80):

Gesetzt, jemand hat eine Ehefrau genommen, sie hat ihm Kinder geboren, und alsdann ist das betreffende Weib verstorben, so darf auf ihre Mitgift ihr Vater keinerlei Ansprüche erheben: ihre Mitgift gehört ausschließlich ihren Kindern.

Wurde die Frau vom Manne verstoßen, so erhielt sie ihre Mitgift zurück, mochte die Ehe bekindet oder unbekindet gewesen sein (Ḫ. 137 u. 138). In diesem Falle machte sich ein Verfangenschaftsrecht der Kinder nicht geltend[2].

Nach dem Tode des Mannes nahm die überlebende Frau ihre Mitgift. Vergl. den Schluß von Ḫ. 171 oben S. 71.

Die Witwe hatte also an ihrem Eingebrachten und an ihrer Morgengabe[3] nur Leibzuchtsrechte. Die Mitgift und die Morgengabe waren den Kindern verfangen.

1) Dies ist allgemein aus dem oben geschilderten System des babylonischen ehelicher Güterrechts und aus Ḫ. 167 zu folgern.

2) Ebenso nicht in Ḫ. 142. Peiser, Keilinschriftl. Bibl. IV, S. 47 No. I, Anhang, gibt eine U., worin die Söhne ihrer Mutter gegenüber, die verstoßen werden soll, auf das Rückforderungsrecht an einer Sklavin verzichten. Es handelt sich also hier um eine Gabe, die der Ehemann seiner Frau außer der geschuldeten Mitgift auf den Weg gab.

3) War ihr eine Morgengabe nicht gegeben worden, so erhält sie einen Kindesteil, der aber auch den Kindern verfangen ist. Ḫ. 172. Dazu die U. bei KU. S. 228.

Die Witwe durfte darüber nicht[1] verfügen. Schreitet aber die Witwe zu einer zweiten Heirat, so darf sie die Mitgift ihrem zweiten Ehemanne einbringen. Die Morgengabe verbleibt den Kindern erster Ehe[2].

Ḫ. 172, 3; 173 und 174.

172, 3. Gesetzt, das betreffende Weib hat sich vorgenommen, fortzugehen, so soll sie die Gabe, die ihr Ehemann ihr gegeben hat, ihren Kindern überlassen; die Mitgift ihres Vaterhauses wird sie nehmen; dann darf der Ehemann, der nach ihrem Herzen ist, sie heiraten.

173. Gesetzt, das betreffende Weib hat da, wo sie eingezogen ist, ihrem späteren Ehemanne Kinder geboren, so sollen, nachdem das betreffende Weib gestorben ist, ihre Mitgift die Kinder aus der späteren und die aus der früheren Ehe teilen.

174. Gesetzt, sie hat ihrem späteren Ehemanne Kinder nicht geboren, so werden ihre Mitgift ausschließlich die Kinder ihres ersten Gatten nehmen.

Ist auch die zweite Ehe bekindet, so teilen die Kinder erster und zweiter Ehe demnach die mütterliche Mitgift nach dem Ableben der Mutter. Sind Kinder aus der zweiten Ehe nicht vorhanden, so macht sich einzig das Verfangenschaftsrecht der Kinder erster Ehe geltend.

Schreitet umgekehrt der Mann, nachdem seine Frau gestorben, zu einer zweiten Ehe, so bleibt trotzdem die Mitgift den Kindern erster Ehe verfangen.

---

1) In U. No. 486 bei KU. S. 136 erklären die Geber der Mitgift, daß die ausgestattete Tochter darüber frei von Todes wegen verfügen dürfe. Es ist aber nicht sicher, ob damit das Verfangenschaftsrecht der Kinder ausgeschlossen werden sollte und konnte.

2) Wenn Ḫ. 150 u. 171 miteinander in Verbindung gebracht werden dürfen, so konnte die Mutter das Kind, dem sie ihre Morgengabe vermachen wollte, auswählen. Vergl. dazu die U. No. 471 bei KU. S. 131.

H. 167. Gesetzt, jemand hat eine Ehefrau genommen, dann ist das betreffende Weib, nachdem sie ihm Kinder geboren hat, verstorben, nach ihrem Tode hat er ein anderes Weib sich genommen, und dann hat (diese) Kinder geboren, so sollen, nachdem der Vater verstorben ist, die Kinder auf keinen Fall nach Müttern teilen; (erst) sollen sie die Mitgift ihrer Mütter nehmen und dann Hab und Gut des Vaterhauses gleichmäßig teilen.

Die Norm bestimmt, daß beim Tode des Vaters das Vater- und Muttervermögen nicht zusammengeworfen und gleichmäßig unter den Halbgeschwistern geteilt werden solle. Nur das Vatervermögen unterliegt diesem Teilungsmodus. Die mütterliche Mitgift ist den leiblichen Kindern jeder Mutter verfangen.

Es ist nicht mehr zu unterscheiden, wie weit sich dieses Verfangenschaftsrecht der Kinder am Frauengute schon während der Ehe äußerte. War die Frau schlechterdings (auch mit Zustimmung des Mannes) darüber verfügungsunfähig, oder waren Mitgift und Morgengabe nur, soweit sie zur Zeit der Auflösung der Ehe noch bestanden, den Kindern verfangen? Darf aus H. 171 (oben S. 71) ein allgemeiner Schluß auf die Verhältnisse zu Lebzeiten des Mannes gezogen werden, so möchte ich eher annehmen, daß die Frau, mit Zustimmung ihres Mannes, über diese Güter verfügen konnte. Um eine weitere Verfügungsmöglichkeit abzuschneiden, wurde ihr nach dem Tode des Mannes untersagt, „etwas für Geld wegzugeben".

Im salischen Rechte ist ebenfalls ein Verfangenschaftsrecht der Kinder am Frauengute ausgebildet. Die dos [1],

1) Über die Morgengabe geben die Quellen zu wenig Auskunft, um ein sicheres Bild der Rechtsverhältnisse zu gewinnen. Vergl. Schröder I, 155.

welche der Mann seiner Frau bestellt hatte, war den Kindern verfangen, wenn nicht ausdrücklich die freie Verfügungsgewalt von Todes wegen der Frau eingeräumt worden war[1].

Starb die Frau, so fiel die dos nicht an den Geber, den Mann, zurück, sondern ins Eigentum der Kinder. Der Vater hatte während der Unmündigkeit der Kinder nur den Nießbrauch daran. Dies zeigt Lex Sal. Tit. 73 (Capit. II 4, 1 nach Geffcken): De viris qui alias ducunt uxores.

Si quis uxorem amiserit et aliam habere voluerit, dotem quem primarie uxorem dedit secunda ei donare non licet. Sic tamen adhuc filii parvoli sunt, usque ad perfectam aetatem res uxores anteriores vel dotis caute liceat iudicare, sic vero ut eas nec vendere nec donare praesummat.

Hier ist zwar speziell die Wiederheirat des Witwers ins Auge gefaßt. Aber ich stehe nicht an, die Gültigkeit dieser Norm auch für den Fall anzunehmen, daß der Witwer zu einer zweiten Heirat nicht schritt; ganz sicher, was die Substanz der dos anbelangt.

War die Ehe kinderlos geblieben, so gingen zwei Drittel der dos an die nächsten Verwandten der Frau, welche dagegen dem Witwer einen Teil der Aussteuer zu überlassen hatten.

Lex Sal. ebenda 4, 2.

Si vero de anteriorem uxorem filios non habuerit, parentes qui proximiores sunt mulieris defuncti duas partes dotis recoligant et duos lectaria demittant, dua scamna coperta, duo cathedras. Quod si istud non fecerint, tertia

---

1) So verstehe ich die oben S. 82 besprochenen Zeugnisse zusammen mit den folgenden Bestimmungen der Lex Salica.

sola de dote recoligant; tamen si per adfatimus antea non cromaverint [1].

Starb der Mann, so nahm die Frau ihre dos unter Verfangenschaftsrecht der Kinder [2]. Aus Lex. Sal. 72 ergibt sich, im Gegensatz zu Ḫammurapi [3], daß bei Wiederheirat der Witwe [4] die dos einzig den Kindern erster Ehe gehörte. Die Witwe durfte zwar ihrem zweiten Gatten die Mitgift einbringen. Aber das Gesetz sagt: Sic tamen, ut dotem quem anterior maritus dedit, filiis suis post obitum matris sine ullum consorcium sibi vendicent ac defendant. De qua dotem mater nec vendere nec donare praesummat. Die Kinder erster Ehe brauchten also mit ihren Halbgeschwistern nicht zu teilen beim Tode der Mutter. Die Substanz der dos war ihnen verfangen. Der Mutter gebührte nur der Nießbrauch.

War die erste Ehe kinderlos [5] geblieben, so durfte die Witwe zwei Drittel der dos ihrem neuen Gatten einbringen, wogegen sie einen Teil der Aussteuer den Verwandten ihres ersten Mannes nebst einem Drittel der dos zurückließ [6].

---

1) Die letzten Worte besagen, daß die Bestimmung vertraglich beseitigt werden konnte.

2) Zweck des Wittums war ja gerade Versorgung der Witwe.

3) Vergl. oben S. 89.

4) Über den Einfluß des römischen Rechts auf die Grundsätze der Witwenheirat vergl. Brunner in Berl. Sitzber. 1894. S. 1294 Heranzuziehen sind besonders Cod. Theo. III, 7, 1 und l. 18 Cod. 5, 4; l. 1 Cod. 5, 9 und l. 3 Cod. 5, 9. Vor allem entsprechen die Rechtssätze über die Teilung der dos nicht den deutschen Grundsätzen. Aber dieser Normenkomplex fällt für unsere Rechtsvergleichung gerade nicht in Betracht.

5) Das Wort filii darf hier nicht mit Söhne übersetzt werden. Es bedeutet allgemein Kinder.

6) Lex Sal. 72. Das Capitulare V zur Lex Sal. c. 4 hat an Stelle der Drittelsteilung, hier und oben, Halbteilung eingeführt. Be-

Auch für das salische Recht ist es schwer zu entscheiden, mit welcher Stärke sich das Verfangenschaftsrecht der Kinder an der dos schon während der Ehe geltend machte. Das Warterecht der Kinder und die von Brunner[1] erläuterten Zeugnisse scheinen zugunsten der Verfügungsfreiheit der Frau zu sprechen. Den Kindern verblieb dann die dos nur in dem Umfange, in dem sie als freies Frauengut zur Zeit der Auflösung der Ehe noch zu Recht bestand. Ein allgemeines Prinzip ist aber kaum aufzustellen[2].

Abgesehen von mancherlei Verschiedenheiten und Unsicherheiten zeigt das babylonische und fränkische System der Verfangenschaft drei große gleichartige Grundgedanken:

1. Bei Auflösung der Ehe durch den Tod eines Ehegatten bleibt das Frauengut[3] zwar in der Hand des Überlebenden, ist aber den Kindern verfangen.

2. Bei unbeerbter Ehe nehmen die Verwandten der verstorbenen Frau das Frauengut ganz oder doch zum größten Teile an sich.

3. Die wiederheiratende Witwe darf ihrem zweiten Manne das Frauengut einbringen. Es bleibt aber den Kindern verfangen: salisch den Kindern erster Ehe, babylonisch auch den Kindern zweiter Ehe.

So schimmert durch beide Gesetze die Idee hindurch, die Verselbständigung des Frauengutes möglichst auszuschließen, um dieses Gut den Kindern zu erhalten.

---

züglich des Reipus und des Achasius, die an die Verwandten des verstorbenen Mannes zu zahlen waren, vergl. Tit. 44, 72 und 73.

1) Warterecht a. a. O. S. 50 ff.

2) So auch Heusler, Inst. II, 307. Freilich hat Heusler eine vielfach andere Vorstellung von der salischen dos.

3) Ich verwende hier den Ausdruck Frauengut, um babylonisch die Mitgift, salisch die dos zu bezeichnen.

IX. Zugunsten der Witwe weisen endlich beide Rechtssysteme einige Übereinstimmnng auf.

Einmal: die Wiederverheiratung der Witwe ist gestattet, und die Einhaltung eines Trauerjahres ist nicht vorgeschrieben. Ḫ. 177 und Lex Sal. 44.

Ferner: die Witwe hat das Recht des Beisitzes. Sie darf auf dem Hofe des verstorbenen Gatten wohnen bleiben. Nur im Falle der Wiederheirat dürfen sie ihre Kinder zum Wegzuge nötigen.

Ḫ. 171 (oben S. 70f.).

Ḫ. 172, 2. Gesetzt, ihre Kinder pflegen sie zu schikanieren, um sie aus dem Hause hinauszutreiben, so sollen die Richter das, was in ihrem Falle dahinter steckt, untersuchen, dann werden sie den Kindern Strafe auferlegen; das betreffende Weib braucht auf keinen Fall aus dem Hause ihres Ehemannes fortzugehen.

Das Beisitzrecht der deutschen Witwe scheint ein allgemeines deutsches Institut gewesen zu sein[1]. In der Lex Salica spricht eine Wendung im Tit. 72, welcher von der Wiederheirat der Witwe handelt dafür. Nachdem erklärt worden ist, daß die wiederheiratende Witwe von ihrer dos nichts veräußern dürfe, heißt es: Certe si mulier de anteriore marito filios non habuerit et cum dote sua ad alias nuptias ambulare voluerit, sicut superius diximus achasium donet. Die Witwe saß also bis dahin auf dem Hofe ihres verstorbenen Mannes und wanderte nun in das Haus des zweiten Gatten. Durfte aber die kinderlose Witwe auf dem Gute ihres Mannes wohnen bleiben, so ist ein Beisitzrecht bei bekinderter Ehe um so sicherer anzunehmen.

---

1) Schröder, Geschichte des ehel. Güterr. I, 143. Heusler, Inst. II, 298 (für die Lex Thuringorum), 326 (für das alamanische Recht), 306 (für das salische Recht).

Fünftes Kapitel.

Vergleichungen aus dem Strafrecht.

§ 1. Allgemeines[1].

I. Die beiden Strafrechtsysteme weichen stark voneinander ab. Ḫammurapis Gesetzbuch ist auf der Idee der öffentlichen Strafe aufgebaut, das salische Recht ist von den Instituten der Blutrache und der Komposition beherrscht.

Aber wie im salischen Recht Spuren der öffentlichen Strafe hervortreten, so sind bei Ḫammurapi Reste der privaten Behandlung der Missetat erhalten.

Ḫ. 129. Gesetzt, jemandes Ehefrau ist dabei ertappt worden, wie sie bei einem andern Manne ruhte, so wird man sie (beide) binden und dann ins Wasser werfen; gesetzt, der Eigentümer (!) der Ehefrau will seine Ehefrau am Leben lassen, so wird auch der König seinen Knecht am Leben lassen.

Die Strafe des Wassertodes wurde demnach über die Ehebrecherin nur verhängt, um dem gekränkten Ehemanne Genugtuung zu verschaffen. So allein erklärt sich dessen Begnadigungsrecht. Das öffentliche Strafmandat tritt also durchaus zurück. Vielleicht sind auch die Bestimmungen über die Familienhaftung (Ḫ. 116, 210 und 230) aus einem alten Blutrachesystem zu erklären[3]. Auch der schwankende Charakter der Geldstrafe, die an den Verletzten zu zahlen ist und die bald als eigentliche Strafe,

---

1) Für die Germanen und andere Völker vergl. die ausgezeichnete, viel zu wenig beachtete Zusammenstellung von Theodor Mommsen: Zum ältesten Strafrecht der Kulturvölker; Fragen zur Rechtsvergleichung, beantwortet von einer Reihe von Gelehrten, Leipzig 1905. Das babylonische Recht fehlt leider darin.

2) So Kohler-Peiser S. 128.

bald als Schadenersatz auftritt[1], deutet auf ein noch unentwickeltes System der öffentliche Strafe.

Umgekehrt sind im salischen Rechte Anklänge an das Prinzip der öffentlichen Strafe enthalten. So in den Normen über Leichenraub und Rechtsverweigerung, Missetaten, welche die Friedlosigkeit des Täters herbeiführten (Tit. 55,2 und 56). Auch wird der Graf, der seinen Amtsverpflichtungen nicht nachkommt, mit der ablösbaren Todesstrafe bedroht (Tit. 50, 4 und 51, 2).

Das Landfriedensgesetz Childeberts und Chlotars, welches dem öffentlichen Strafgedanken bereits breiten Raum gewährt, verbietet u. a. dem Bestohlenen, sich außergerichtlich mit dem Diebe abzufinden. Im Kapitel 3 heißt es: Si quis furtum suum invenerit et occultae sine iudice conpositione acceperit, latroni similis est, d. h. er wird mit dem Tode bestraft, wenn er sich nicht durch Abkauf davon zu lösen vermag oder von den Verwandten nicht ausgelöst wird (Kap. 2).

II. Ungleichmäßig ist das Schuldmoment entwickelt. Es zeigte sich früher, daß das babylonische Strafrecht nicht mehr so stark am äußerlichen Erfolg klebte, wie das salische[2].

III. Ḫammurapi fußt auf der Idee der Talion. Dem Missetäter wird das nämliche Übel beigebracht, das er dem Verletzten zufügte. Zahlreiche Beispiele dafür S. 32. Ausfluß des Talionsgedankens sind auch die „spiegelnden Strafen.“ Es sind Strafen, bei denen „die Tendenz obwaltet, in der Art und in dem Vollzug der Strafe die Missetat, durch welche die Strafe verwirkt wurde, zu

1) Vergl. Kohler-Peiser 129, wo die Stellen gesammelt sind.

2) Oben Kap. 3 § 5.

sinnlichem, äußerlich erkennbarem Ausdruck zu bringen" (Brunner).

Ḫ. 192, 194, 195[1].

192. Gesetzt, das Kind eines Kämmerlings oder auch das Kind einer Dirne (?) hat zu seinem Ziehvater oder seiner Ziehmutter gesagt: „Du bist gar nicht mein Vater", (bezw.) „Du bist gar nicht meine Mutter", so wird man ihm die Zunge abschneiden.

194. Gesetzt, jemand hat ein Kind von sich einer Amme übergeben, dann ist das betreffende Kind in der Hand der Amme gestorben, die Amme (aber) hat ohne Wissen seines Vaters oder seiner Mutter ein anderes Kind sich angelegt, so soll man sie überführen; dann wird man ihr, weil sie ohne Wissen seines Vaters oder seiner Mutter ein anderes Kind angelegt hat, die Brust abschneiden.

195. Gesetzt, ein Kind hat seinen Vater geschlagen, so wird man ihm die Hand abschneiden.

Die spiegelnden Strafen sind im deutschen Rechte weitverbreitet. Das salische Recht selbst überliefert keine Beispiele. Aus dem jüngeren fränkischen Rechte weist ein Capitulare von 820 einen Fall auf: dem Falschmünzer wird der Name falsator monetae auf der Stirne eingeschrieben[2].

Wiewohl das salische Strafrecht nicht auf den Gedanken der realen Wiedervergeltung im Sinne der Talion gegründet ist, so weist es doch vereinzelte Normen auf, welche die Talionsidee kundgeben.

Lex Sal. XVIII, 1 (Heroldina und Emmendata). De eum qui innocentem hominem ad regem accusat:

Si vero tale crimen ei imputaverit, unde mori debuisset

---

1) Vergl. auch Ḫ. 218 und 226.

2) Boretius, Capitularia I, 294, Capit. de moneta. Vergl., was die Brandmarkung anlangt, Ḫ. 127.

si verum fuisset, ille qui eum accusaverit VIIIM dinarios qui facinut solidos CC culpabilis judicetur.

Die falsche Anklage um ein todeswürdiges Verbrechen eines Abwesenden wird mit dem Wergelde gebüßt, also mit der Summe, welche auf den Kopf eines freien Franken gesetzt ist [1].

Ferner der Grundsatz, welchen die Decretio Childeberti Secundi um 596 ausspricht:

quia justum est, ut qui novit occidere, discat morire [2].

Endlich das 5. Capitulare zu Lex Salica 9, 3 [3]:

Si quis vero de furca iam mortuo sine consilio iudicis aut voluntate ipsius cuius causa est tulerit, pro culpa qua suspensus est quicquid exinde lex Salica docuerit, ille qui cum tollere praesumpserit culpabilis iudicetur.

Wer einen gehenkten Verbrecher vom Galgen abnimmt, hat also die nämliche Strafe zu erdulden, wie diejenige, welche über den Gehenkten ausgesprochen worden war.

Es scheint, als ob das dem Volksrecht fremde Talionsprinzip durch die königliche Gesetzgebung in gewissem Umfange zur Einführung gelangt war. Vermutlich liegt aber gerade hier römisch-rechtlicher Einfluß vor.

IIII. Die Babylonier wie die Salier lassen eine Ablösung der schwersten Strafe, der Todesstrafe, durch Geld zu. Aus dem salischen Rechte sind bereits Beispiele beigebracht (oben S. 96).

Ḫammurapi weist nur einen einzigen Fall auf.

H. 8. Gesetzt, jemand hat entweder ein Rind oder ein Schaf oder einen Esel oder ein Schwein oder auch ein Schiff

1) Selbst Brunner, der den Talionsgedanken durchaus verwirft, gibt hier dessen Möglichkeit zu. RG.[1] II, 678 Anm. 42.

2) Capitularien I, 16 c. 5.

3) Vergl. die viel milderen Strafen in Cap. I, 2 und 3. (Geffcken S. 63 f).

gestohlen, so wird er (es) — gesetzt, es gehört einem Gotte oder dem Hofe — 30fach (wieder)geben; gesetzt, es gehört einem Ministerialen, so wird er es 10fach ersetzen; gesetzt, der Dieb hat nichts zu geben, so wird er getötet.

Der ganzen Behandlung des Diebstahls im Gesetzbuch Ḫammurapis zufolge muß angenommen werden, daß grundsätzlich auch hier Todesstrafe eintrat und daß hier nur deshalb, weil das Gestohlene dem Tempel, dem Hofe oder einem Ministerialen gehörte, eine Ablösung gestattet war. Als Grundsatz galt aber jedenfalls die Ablösbarkeit im babylonischen Rechte nicht, wie — wenigstens für den freien Mann — bei den Franken [1].

V. Die Missetat verstrickte unter Umständen auch die Familie des Täters, so daß dessen ganze Verwandtschaft oder wenigstens einzelne Familienglieder hafteten. Von dieser Haftung aus fremder Schuld [2], welche bei beiden Völkern auftritt, wurde oben bei der Gesamthaftung gesprochen (S. 13 ff.).

VI. Endlich war hier und dort das Strafrecht ständisches Strafrecht.

Die S. 32 angeführten Normen [3] erweisen, daß bei Ḫammurapi die Strafe, bezw. die Entschädigung eine verschiedene war, je nachdem eine Person höheren oder tieferen Standes verletzt wurde. Das ausgeschlagene Auge des Patriziers büßte man z. B. mit dem Verluste des eigenen Auges, das des Ministerialen mit 1 Mine Silber und das des Sklaven mit der Hälfte seines Wertes (Ḫ. 196, 198 u. 199).

Nach Ḫ. 202 wurde die einem Höherstehenden verabfolgte Ohrfeige mit Prügel bestraft, während der Patrizier,

1) Vergl. Schröder RG.[5] 351 Anm. 10.

2) Über die Bestrafung schuldloser Verwandter bei Griechen und Römern vergl. Bernhöft in Z. vergl. RW. II, 258.

3) Vergl. dazu auch Ḫ. 8 u. 207—222.

der einen anderen auf die Backe schlug, nur 1 Mine Silber zu zahlen hatte (Ḫ. 203). Schlug ein Sklave einen Patrizier, so büßte er mit dem Verluste des Ohres (Ḫ. 205). Fiel ein Patrizier bei einer Schlägerei und konnte der Täter den dolus abschwören, so zahlte er 1/2 Mine Silber; fiel ein Ministeriale, 1/3 Mine Silber (Ḫ. 207 u. 208). Es ergibt sich demnach der Satz: Strafart und Strafgrösse (bezw. Schadenersatz) richten sich grundsätzlich nach dem Stande[1] des Verletzten. Ausnahmsweise fällt auch der Stand des Täters in Betracht.

Im salischen Rechte werden Wergeld und Buße nach dem Stande des Verletzten bestimmt. Tit. 41, 1: Wergeld des freien Franken 200 Schillinge. Capitulare IV, c. 1: Wergeld des Freigelassenen, des Tributarius etc., d. h. der halbfreien Leute 100 Schillinge. (Vergl. auch 26, 1 u. 42, 4.) Der Sklave hat kein Wergeld[2].

1) Die babylonischen Ständeverhältnisse liegen noch völlig im Dunkeln. Die Übersetzungen weichen gerade hier stark voneinander ab. Wenn Ungnad den ersten Stand Patrizierstand und den zweiten Ministerialenstand nennt, so kann ich ihm darin nicht folgen. Mit Patrizier wird eine über dem gemeinfreien Stande stehende Menschenklasse bezeichnet. Es gäbe also nur nobiles, keine ingenui. Das halte ich für ausgeschlossen. Ḫ. 202 deutet z. B. darauf hin, daß es innerhalb des ersten Standes Abstufungen gab. In der U. No. 25 (KU. S. 11) wird gesprochen von der „Strafe freier Männer", so daß neben Ministerialen und Sklaven ein allgemeiner Stand der Freien anzunehmen ist, aus dem die Patrizier nur als höhere Stufe herausragten. In der neuen U.-Serie von Kohler-Ungnad werden Personen mit und ohne Siegelfähigkeit unterschieden, vergl. No. 977 u. 1056.

Auch E. Meyer vermag in seiner sonst so ausgezeichneten Schilderung der babylonischen Verhältnisse kein greifbares, klares Bild von den Ständeverhältnissen zu geben. Vergl. Gesch. des Alt.[2] I, 2 S. 516 u. 567.

2) Die in Lex Sal. 10, 1 genannten 30 Sol. dürfen nicht mit Schröder RG.[5] 356 Anm. 36 als Wergeld des Sklaven bezeichnet werden. Er wird gerade hier als Sache behandelt und mit Pferden auf eine

Wergeld wie Buße haben aber nicht den Charakter öffentlicher Strafen, sondern sind bekanntlich Genugtuungen privater Natur. Bisweilen ist für die Strafart der Stand des Täters ausschlaggebend. So bestimmt z. B. Tit. 40, 1: Si talis fuerit causa unde ingenuus DC dinarios h. e. solidos XV cumponere debuerat, servus super scammo tensus CXX iectos flagellorum accipiat.

Die Prügelstrafe wird nach salischem Rechte nur über Sklaven verhängt.

Maßgebend war auch der Stand des Verletzten bei der Tötung der Leibesfrucht. In beiden Gesetzen ist der Foetus durch eine eigene Buße geschützt.

Ḫ. 209, 211, 213.

209. Gesetzt, jemand hat eine Angehörige des Patrizierstandes geschlagen und sie dadurch veranlaßt, ihre Leibesfrucht (frühzeitig) von sich zu geben, so soll er 10 Sekel Silber für ihre Leibesfrucht darwägen.

211. Gesetzt, er hat eine Angehörige des Ministerialenstandes durch Schlagen veranlaßt, ihre Leibesfrucht von sich zu geben, so soll er 5 Sekel Silber darwägen.

213. Gesetzt, er hat jemandes Sklavin geschlagen und sie dadurch veranlaßt, ihre Leibesfrucht von sich zu geben, so soll er 2 Sekel Silber darwägen.

Je nach dem Stande der Mutter wird also die Vernichtung der Frucht mit zehn, fünf oder zwei Sekel Silber gebüßt.

Die Lex Salica gibt der freien schwangeren Frau in Tit. 24, 3 ein Wergeld von 700 Schillingen[1]. Sie fügt in c. 4 hinzu: Si vero infantem in utero matris suae occiderit ante quod nomen habeat, cui fuerit adproba-

---

Stufe gestellt. Für den reinen Sachwert des Sklaven im Pactus Alamannorum Opet, Brautkauf 184.

1) Darin sind 100 Sol. für die Leibesfrucht enthalten.

tum IIII M dinarios qui faciunt solidos C culpabilis iudicetur[1].

Der Foetus der Freien wird demnach geschützt mit dem halben Wergeld des freien Franken. Es ist sicher anzunehmen, daß der Foetus einer Halbfreien, entsprechend dem geringeren Wehrgelde dieses Standes, auch geringere Buße hatte. Bei Abweichungen im einzelnen zeigt sich jedenfalls bei beiden Völkern, daß die ständischen Unterschiede bei Angriffen auf Leben und Integrität des menschlichen Körpers auf das schärfste hervortreten.

§ 2. Einzelne Missetaten.

I. Diebstahl.

Das Delikt des Diebstahls, das sich nicht mehr in allen Feinheiten feststellen läßt, bestand jedenfalls bei Babyloniern und Franken in der widerrechtlichen Wegnahme einer fremden beweglichen Sache[2]. Beide Völker kennen den Unterschied von großem und kleinem Diebstahl.

Ḫ.8 oben S. 98.

Ḫ.259 und 260.

259. Gesetzt, jemand hat ein Bewässerungsgerät auf der Feldflur gestohlen, so soll er 5 Sekel Silber dem Eigentümer des Bewässerungsgerätes geben.

260. Gesetzt, er hat einen Schöpfeimer(?) oder auch einen Pflug(?) sich gestohlen, so soll er 3 Sekel Silber geben.

Rind, Schaf, Esel, Schwein und Schiff sind Gegenstände des kleinen Diebstahls, wenn sie dem Tempel, dem Hofe oder einem Ministerialen gestohlen werden, Bewässe-

1) Das ausgetragene Kind, dem ein Name noch nicht gegeben worden war, wurde dem Embryo gleich geachtet. In Extravagantia A. V c 1 ist für den männlichen Foetus die Buße von 600 Sol. normiert.

2) Siehe vor allem Ḫ.8 u. 9 und Lex Sal. XI, besonders XI, 6: Si vero nihil tulerit.

rungsgerät, Schöpfeimer und Pflug (?) in allen Fällen. Die strafrechtliche Ahndung ist milder als beim großen Diebstahl. Werden die erst genannten Gegenstände gestohlen, so kann dieser kleine Diebstahl mit einem Vielfachen des Wertes der Sache abgelöst werden. Bei den andern Gegenständen sind feste Diebstahlsbußen gegeben, während auf großem Diebstahl die Todesstrafe steht.

In der Lex Salica ist kleiner Diebstahl die Wegnahme einer Sache im Werte von 2—40 Denaren; sie wird mit 15 Schillingen gebüßt. Für großen Diebstahl, über 40 Denare, sind 35 Schillinge angesetzt[1].

Es wirkt im höchsten Grade überraschend, daß wir die Gegenstände, deren Wegnahme in babylonische Rechte das Delikt des kleinen Diebstahls ausmachen, auch im salischen Rechte dem kleinen Diebstahl beigezählt finden.

Tit. II, 5. Si quis porcum bimum furaverit, DC dinarios qui faciunt solidos XV culpabilis iudicetur, excepto capitale et dilatura.

III, 2. Si quis bimum aut anniculum animal furaverit et ei fuerit adprobatum, DC dinarios qui faciunt solidos XV culpabilis iudicetur.

IV, 2. Si quis anniculum vel bimum berbicem furaverit, excepto capitale et dilatura, CXX dinarios qui faciunt solidos III culpabilis iudicetur.

XXI, 2. Si vero ipsa nave furaverit et perventus fuerit, DC dinarios qui faciunt solidos XV culpabilis iudicetur.

Der Diebstahl am ausgewachsenen Schwein, Rind oder Schaf, sowie an einem Schiffe ist kleiner Diebstahl. Die Person des Bestohlenen fällt dabei nicht in Betracht und die Diebstahlsbußen sind feste; beides im Gegensatze zu Ḫammurapi.

---

1) Tit. XI, 1 u. 2; vergl. auch XXXV, 2; 3; 6.

Das salische Recht ist schon im 6. Jahrhundert zu einer dem babylonischen Rechte konformen Sühne des Diebstahlsverbrechens durchgedrungen, indem es den Dieb grundsätzlich mit dem Tode bestraft, einer Strafe, welche aber abgelöst werden konnte[1]. Ob damit jede Unterscheidung von großem und kleinem Diebstahl aufgegeben wurde, bleibt unsicher.

Über den Diebstahl an Sklaven sie bemerkt, daß Ḫammurapi, wie die Lex Salica diese Missetat in unmittelbarem Zusammenhang mit dem Menschenraub behandeln. Ḫammurapi setzt den Tod darauf, das fränkische Recht die Buße des großen Diebstahls[2].

Zusatz.

Nach Ḫ.6 wird der Hehler wie der Stehler mit dem Tode bestraft.

Ḫ.6. Gesetzt, jemand hat Hab und Gut eines Gottes oder des Hofes gestohlen, so wird der Betreffende getötet; desgleichen wird derjenige, der das gestohlene Gut aus seiner Hand angenommen hat, getötet.

Aus dem salischen Rechte geht diese Norm nicht unmittelbar hervor. Doch macht Brunner mit Recht darauf aufmerksam, daß die Bestrafung des Hehlers gleich der

---

1) Vergl. namentlich Pactus pro tenore pacis c. 2 (Geffcken S. 78). Ob der handhafte Dieb schon vor Erlaß der Capitularien getötet werden konnte, wie Brunner, RG.[1] II, 483 annimmt, scheint mir zweifelhaft. Jedenfalls ist bereits im ribuarischen Rechte die Tötung grundsätzlich ausgeschlossen (Lex Rib. [Sohm] 77 u. 79). 77 gestattet nur die Tötung, wenn sich der Dieb, Ehebrecher oder Verführer nicht binden läßt.

2) Vergl. Ḫ. 15. Ich sehe darin eine Hinausführung des Sklaven zum Zwecke der Aneignung. Siehe auch 16 u. 19.

Lex Sal. Tit. 39, I u. II (Geffcken S. 37). Die Buße ist hier 35 Sol. im Gegensatz zu Tit. 10, 1, wo die Buße nur 30 Sol. beträgt und der Sklave mit Tieren zusammengestellt ist. Die Normen von Tit. 39 beruhen aber wahrscheinlich auf römisch-rechtlichem Einflusse.

des Stehlers aus den Rechtssätzen über Haussuchung und Anefang abzuleiten sei[1].

II. Einbruch.

Ḫammurapi, wie die Lex Salica kennen den Einbruch als selbständiges Delikt, gleichgültig ob dabei etwas gestohlen wurde oder nicht.

Ḫ. 21[2]. Gesetzt, jemand ist in ein Haus eingebrochen, so wird man ihn vor der betreffenden Einbruchsstelle töten und dann (dort) verscharren.

Lex Sal. XI, 5 u. 6[3]. Si vero clavem effrigerit aut adulteraverit, sic in domo ingressus fuerit aut exinde furtum aliquid tulerit, excepto capitale et dilatura, MDCCC dinarios qui faciunt solidos XLV culpabilis iudicetur.

Si vero nihil tulerit aut fugiens evaserit, MCC dinarios qui faciunt solidos XXX culpabilis iudicetur.

Der Einbruch in ein verschlossenes Haus wird mit 30 bezw. 35 Sol.[4] bestraft, also mit der großen Diebstahlsbuße.

III. Körperverletzung.

Die Normen über Körperverletzungen lassen wenig Verwandtes erkennen. Ḫammurapi enthält nur spärliche Bestimmungen über dieses Verbrechen.

Immerhin zeigt sich eine Übereinstimmung in zwei Punkten.

Einmal: Der Verlust des Auges oder der Verlust von Gliedmaßen vermindert den Wert des Menschen um die Hälfte und muß entsprechend vergolten werden.

---

1) a. a. O. II, 579.

2) Unrichtig Kohler-Peiser, die vom Einbruchdiebstahl sprechen S. 127. Ḫammurapi erwähnt ihn nicht, wohl aber die Lex Sal., vergl. Tit. XI u. XII.

3) Vergl. auch c. 27, 22, 2 u. Capit. IV, 13.

4) Die Handschr. 4, 8 u. 2 haben 35 Sol. (Geffcken S. 12).

H. 199 oben S. 32[1].

Der so geschädigte Sklave muß mit der Hälfte seines Wertes vergolten werden.

Verschiedene Texte der Lex Salica setzen auf Verlust von Auge (Nase), Hand und Fuß das halbe Wergeld.

Lex Sal. 29, 1. Si quis alterum manum vel pedem debilitaverit aut oculum vel nasum amputaverit, IIII M dinarios qui faciunt solidos C culpabilis iudicetur.

Zweitens: Der Täter hat in gewissen Fällen die Heilungskosten zu bezahlen, Kosten, die im salischen Rechte mit 5 Schillingen fixiert sind.

H. 206 oben S. 32.

Lex Sal. 17, 4[2]. Si vero inter costas fuerit aut in ventrem ita ut vulnus appareat ut usque ad intrania perveniat MCC dinarios qui faciunt solidos XXX culpabilis iudicetur praeter medicatura solidos V.

IIII. Ehebruch.

Nach der Anschauung beider Völker kann nur die Ehefrau die Ehe brechen, nicht der Ehemann. Eine strafrechtliche Norm, welche gegen den ehebrecherischen Gatten gerichtet wäre, fehlt hier und dort. Der Ehebruch der Ehefrau ist ein gegen den Ehemann gerichtetes Verbrechen. Daher kann nach H. 129 (oben S. 95) der Ehemann „seine Frau am Leben lassen", wenn er will, oder sie dem Wassertod preisgeben[3].

Über das Schicksal der fränkischen Ehebrecherin wissen wir wenig. Wahrscheinlich war sie der Bestrafung

1) Vergl. auch 196—198, wo teils Talion, teils Geldstrafe ausgesprochen ist.

2) So Codex 1. Andere Codices haben 8 u. 9 Schillinge. Siehe auch Capti. V, 6 (9 Schillinge).

3) Seite 95 wurde bereits hervorgehoben, daß bei der Strafe des Wassertodes, welche an sich öffentliche Strafe ist, die Idee der privaten Genugtuung überwiegend hervortritt.

ihres Ehemannes verfallen, eine Bestrafung, die sich vielleicht im Falle der handhaften Tat bis zur Tötung steigern konnte[1]. Wenigstens sagt eine Bußordnung aus späterer Zeit: Si mulier aliqua adulterium perpetraverit, poena eius sit in manibus viri sui[2]. Sicher hatte er das Recht der Verstoßung.

Der Anschauung vom Wesen der Missetat zufolge erleidet der Ehebrecher bei Ḫammurapi den Tod (129) und büßt bei den Saliern mit dem eigenen Wergelde.

Tit. XV siehe oben S. 77.

Unter dem uxorem alienam tulerit ist, wie in Lex Sal. 95, das Verbrechen des Ehebruches zu verstehen, welches Raub und Entführung mitumfaßte[3].

So umgeben beide Völker das Institut der Ehe zugunsten des Mannes mit einem außerordentlich starken strafrechtlich Schutze.

V. Ehrenkränkung.

Sowohl die Babylonier wie die Salier kennen eine Kränkung der Ehre durch Worte und durch Werke. Sie zeigen beide eine energische Reaktion dagegen.

Die Kränknng der weiblichen Ehre durch den Vorwurf der Unkeuschheit behandeln Ḫ. 127 und 132[4] und Lex Sal. 30, 3.

Ḫ. 127. Gesetzt, jemand hat auf eine Gottesschwester oder jemandes Ehefrau den Finger ausgestreckt, es jedoch nicht der Wahrheit gemäß getan, so wird man den Be-

1) Ein solches Tötungsrecht erwähnt die Lex Ribuaria in Tit. 77, wenn der Ehebrecher gefunden wird super uxorem und der Gatte ihn nicht zu binden vermag (nou praevaluerit legare).

2) Wasserschleben, Die Bußordnungen der abendländischen Kirche 313.

3) Vergl. Brunner, RG.[1] II, 662.

4) Vergl. auch Ḫ. 131.

treffenden vor die Richter treiben; auch wird man ihm das Schläfenhaar schneiden.

132. Gesetzt, auf die Ehefrau jemandes ist wegen eines anderen Mannes der Finger ausgestreckt worden, ohne daß sie dabei ertappt worden ist, wie sie bei einem anderen Manne ruhte, so wohl sie für ihren Ehemann in den „Strom(gott)" eintauchen.

Lex Sal. 30, 3. Si quis mulierem ingenuam seu vir seu mulier alteram meretrice vocaverit et non potuerit adprobare, MDCCC dinarios qui faciunt solidos XLV culpabilis iudicetur.

Das Schneiden des Schläfenhaares, oder wie Winckler übersetzt, das Marken der Stirne, ist eine entehrende Strafe, welche der Bezichtiger, der den Wahrheitsbeweis nicht zu erbringen vermag (so wenigstens in Ḫ. 127) zu erdulden hat.

Das salische Recht will, wenn es speziell vom Vorwurf Hure spricht, das gleiche sagen, wie das babylonische, wenn es vom Ausstrecken des Fingers redet. Auch durfte, wie in Ḫ. 127, der Wahrheitsbeweis angetreten werden. Gelingt dieser nicht, so ist das Dreifache der salischen Grundbuße für Beleidigungen (15 Sol.)[1], die Buße von 45 Schillingen verwirkt, nach einigen Handschriften sogar 187 ½ Sol[2].

Wie verschieden auch die Strafe in Babylonien und in Franken sich darstellt, so tritt doch da und dort der Gedanke der Heiligkeit der weiblichen Ehre stark hervor[3].

---

1) Brunner RG.[1] II 672.

2) Cod. 5, 6, 10 und Em. in Tit. 64, 2. Es ist die Buße von 3 × 62½ Sol.

3) Normen, welche die männliche Ehre gegen Beleidigung durch Worte schützen, kennt Ḫammurapi nicht; wohl aber das salische Recht (vergl. Tit. 30).

Die Realinjurie erwähnt H. 202—205 (oben S. 32) Der Backenstreich wird hier als Ehrverletzung, nicht, wie Stoss meint, als Körperverletzung bestraft[1].

Im salischen Rechte gilt als Realinjurie das unzüchtige Berühren der Körpers und der Kleidung des Weibes.

Beispiele 20, 1 und 76, 1.

Lex Sal. 20, 1. Si quis ingenuus homo ingenue muliere manum vel brachio aut digito extrinxerit, cui fuerit adprobatum solidos XV culpabilis iudicetur.

Lex Sal. 76, 1. Si quis mulierem excapillaverit, ut ei abonnis ad terra cadat, solidos XV culpabilis iudicetur.

Sowohl das unzüchtige Berühren des Körpers, wie die Entblößung des Kopfes, so daß die Haube des Weibes herunterfällt, wird mit 15 Sol. gebüßt. Es ist möglich, daß in diesen, wie in anderen, in Tit. 20 und 76 genannten Realinjurien zugleich ein Versuchsdelikt rechtswidrigen Beischlafes gesehen wird[2]. Eine Realinjurie eigenster Art findet sich in Tit. 97[3]: Si quis super ingenuum, dum in domum suam resedit, alius ingenuus quilibet homo de supra tecto voluntate sua nec casu lapede miserit et ei fuerit adprobatum, pro illius contumelia aut aliorum ingenuorum, si cum ipso alii fuerint, per unaqueque persona XV solidos culpabilis iudicetur. Si vero letus fuerit qui hoc facere praesumpserit, solidos VII culpabilis iudicetur.

Das Bewerfen des Hauses gilt als Beleidigung (con-

1) Stoss, Zeit. für Schweiz. StrR. XVI. Das Auftreten der Prügelstrafe und des Fehlen einer Norm zugunsten des Sklaven, der eine Ohrfeige erhalten hat, deuten auf die Ehrverletzung hin. Stoss hätte dieses Delikt besser der 6. als der 1. Abteilung einverleibt. Er übersetzt allerdings: „Wenn Jemand den Körper eines Andern schlägt“, was aber ungenau ist.

2) So Geffcken S. 131.

3) Geffcken S. 77.

tumelia). Die Buße ist für den Freien 15, für den Halbfreien 7 Sol.

Das Delikt des Backenstreiches erwähnt die Lex Salica nicht, wohl aber das langobardische Recht und bestraft ihn doppelt so hoch als den Faustschlag[1].

VI. Falsche Anklage.

In beiden Rechtssystemen wird nicht die falsche Anklage schlechtweg bestraft, sondern nur die falsche Anklage um schwere Verbrechen, im salischen Rechte hauptsächlich um Meintaten, d. h. um Missetaten, die auf eine niederträchtige Gesinnung des Täters schließen lassen.

Ḫ. 1 und 2.

Ḫ. 1. Gesetzt, jemand hat einen andern bezichtigt (?) und ihn dadurch in den Verdacht des „Mordes" gebracht, jedoch es nicht in Wahrheit gemäß getan, so wird der, der ihn bezichtigt hat, getötet.

Ḫ. 2 siehe S. 11.

Es ist also im ersten Falle die falsche Anklage wegen Mordes, im zweiten wegen Zauberei[2] gegeben.

Der falsche Ankläger wird mit dem Tode bestraft, im zweiten Falle zudem mit Konfiskation des Vermögens.

Unter das Delikt der falschen Anklage fällt auch der Vorwurf des Diebstahls, über welchen im Anefangsprozeß entschieden wurde[3].

Von der falschen Anklage wegen Meineids handelt Lex Sal. 48, 1. Besonders deutlich ergibt dies Cod 7.

---

1) Rothari 44.

2) Auch Stoss sieht a. a. O. hierin das Delikt der falschen Anklage. Abgesehen vom Wortlaut des § ergibt sich dies aus dessen Stellung im Gesetze. Vergl. auch Mitteis, ZRG. Rom. Abt. 25, 287. Für falsches Zeugnis vergl. Ḫ. 3 u. 4.

3) Darüber oben S. 46 ff. Ob in Lex Sal. 90 eine wissentlich falsche Anklage wegen Diebstahls vorliegt oder nicht, muß dahingestellt bleiben.

(82, 2): Si aliquis alicui iure[1] inpotaverit quod periurasset et non potuerit adprobare, qui inpotavit solidos XV culpabilis iudicetur.

Der falsche Ankläger wird mit 15 Schillingen gebüßt.

Wer einen abwesenden Menschen fälschlich im Königsgericht verklagt, büßt 62½ Schillinge[2]. Hatte die Anklage ein todeswürdiges Verbrechen zum Gegenstande, so beträgt die Buße nach jüngeren Texten 200 Schillinge (das Freienwergeld[3]).

Mit großer Wahrscheinlichkeit läßt sich sagen, daß die falsche Anklage in Ḫ. 1 und 2 sowie in der letztgenannten Stelle des salischen Rechts Ausfluß des Talionsgedankens[4] ist. Die Strafe, die den überführten Angeklagten getroffen haben würde, trifft den falschen Ankläger.

Nach beiden Rechtssystemen scheint es gleichgültig gewesen zu sein, ob die Anklage wieder besseres Wissen erhoben wurde oder nicht. Objektive Unrichtigkeit war ausreichend.

Sechstes Kapitel.

Vergleichungen aus dem Prozeßrecht.

I. Die Angaben des Kodex Ḫammurapi sind viel zu spärlich, um daraus ein Bild des babylonischen Prozesses zu gewinnen. Eine Gegenüberstellung der beiden Prozeßsysteme ist also unmöglich. Aber die wenigen uns überlieferten Bestimmungen weisen in wichtigen Punkten Übereinstimmungen auf.

1) iure = in iudicio (Geffcken S. 190). Vergl. auch 93 und 94 (Geffcken S. 71).

2) Brunner hat jedenfalls recht, wenn er RG.[1] II 677 behauptet, in erster Linie sei an Fälle von Infidelität gedacht.

3) Tit. 18, 1 und Em. 20, 2 und Herold. Letztere Stelle oben S. 97 f.

4) Vergl. für das babylonische Recht D. H. Müller in Wiener Z. f. Kunde des Morgenlandes B. 19, S. 177.

II. Das Beweissystem der Babylonier wie der Franken war formaler Natur. Die Erfüllung ganz bestimmter Voraussetzungen war vom Gesetz vorgeschrieben. Erfüllte der Beweisführer diese beweisrechtlichen Handlungen, so war der Beweis geleistet. Es herrschte die Anschauung, daß sich in diesen, ein für allemal festgelegten Formen die materielle Wahrheit offenbare. Der Beweis war formeller, die durch ihn erbrachte Wahrheit materieller Natur [1].

Der Beweisführer forderte mit seinen Beweishandlungen die Gottheit heraus. Sie gab ihm Sieg oder Niederlage. Beide Völker glaubten an ein unmittelbares Eingreifen der Gottheit in den Prozeß.

III. Wie wir wissen, ist beiden Rechtssystemen das Beweismittel des Gottesurteils bekannt. Ḫammurapi hat nur die Reinigung durch die Wasserprobe aufgenommen. Der Kodex erwähnt sie in 2 und 132 (Text S. 11 und 108). Das Gottesurteil der Wasserprobe erscheint beidemal als prinzipales, ausschließliches Beweismittel des Beklagten. Der angeklagte Zauberer sowie die der Unkeuschheit beschuldigte Ehefrau muß sich vom Klagevorwurf durch das Gottesurteil reinigen. Ein Gegenbeweis ist ausgeschlossen. Ob das Ordal nur die Bekräftigung eines vorher abgelegten Eides ist oder nicht, wissen wir nicht.

Die Wasserprobe ist in fränkischen Quellen erst aus viel spätere Zeit überliefert [2].

Dagegen kennt das salische Recht drei andere Or-

---

1) So möchte ich die von Brunner, RG.² I, 257 und Loening, Reinigungseid 46 vorgetragenen Ansichten vereinigen.

Daß der salische Prozeß das formale Beweissystem kannte, steht außer allem Zweifel. Für das babylonische Recht geht dies vor allem hervor aus: Ḫ. 2, 9—13, 103, 106, 107, 120, 126, 131, 132, 151 und 240. Zweifelhaft, vielleicht eine Ausnahme bildend ist Ḫ. 168.

2) Capitulare Ludwigs I v. 829, wo sie freilich als längst bekanntes Beweismittel aufgeführt ist. Siehe Grimm, RA. No. 923.

dalien, den Kesselfang, das Losordal und den Zweikampf. Es gewährt diesen Gottesurteilen einen viel breiteren Spielraum, als Ḫammurapi der Wasserprobe, und verwendet sie bald als prinzipale, bald nur als subsidiäre Beweismittel[1]. Insofern stimmt es aber mit dem babylonischen Rechte überein, als es

1. einen Gegenbeweis nicht zuläßt[2] und
2. die Reinigung gewisser Missetaten nur durch das Mittel des Gottesurteils gestattet.

So heißt es z. B. im Pactus pro tenore pacis c. 10[3]: Si quis in domo alterius ubi clavis est furtum invinerit, dominus domus de vita conponat. Si quis cum furtus invenitur, antedicte subiaceat legem. Si de suspectionem inculpatur, ad sorte veniat, et si mala sorte praeserit, latro tamen de utraque partes sint ternas personas electas, ut non conludius fieri possit.

Der verdächtige Dieb muß sich dem Losordale unterwerfen. Dabei darf er Zeugen auswählen, welche die Vorbereitung des Gottesurteils gegen betrügerische Handlungen schützen.

IIII. Im babylonischen, wie im fränkischen Rechte sind als weitere Beweismittel der Parteieid und der Zeugeneid überliefert. Während aber im salischen Rechte der Parteieid mit Eideshelfern abgeleistet wurde, d. h. mit Personen, welche die Wahrheit der Parteiaussage beschworen, begnügte sich das babylonische Recht mit dem alleinigen Schwure der Partei. Helfer sind ihm unbekannt. Was den Zeugeneid betrifft, so stand höchst wahrscheinlich

1) Vergl. Brunner RG.[1] II, 406.

2) Es gestattet aber, das unter Umständen das Ordal durch einen Beweis mit Eideshelfern ersetzt wird. Lex Sal. 94.

3) Andere Beispiele bei Brunner a. a. O. 413. Vergl. auch Lex Sal. 106. Reinigung von dem Vorwurf der Giftmischerei und Zauberei durch Ordal Brunner a. a. O. 374.

für beide Rechtssysteme der Grundsatz fest, daß der Zeuge nur zur Aussage über eigene Wahrnehmungen befähigt war[1]. Von der germanischen Unterscheidung der gezogenen und der Gemeindezeugen, sowie der Zufallszeugen[2] weiß das babylonische Recht nichts.

V. Schließlich weisen beide Völker den Beweis mit Urkunden auf, die Babylonier in weit größerem Umfange als die Franken. Der Kodex Ḫammurapi erwähnt Urkunden in zwölf Paragraphen; die Lex Salica selbst nur in einem Titel.

Aber über das Nähere dieses Urkundenbeweises im babylonischen Rechte sind wir schlecht unterrichtet. So läßt sich z. B. nicht mehr feststellen, wie weit die Urkunde an sich beweisend war, oder wie weit ihr Inhalt durch Zeugen beschworen werden mußte. Nach einer Quelle aus der Zeit Sin-muballits[3] wird ein Prozeß gewonnen, weil Zeugen den Inhalt eines geschlossenen Rechtsgeschäftes und die Echtheit der darüber abgefaßten Urkunde bezeugen. Andererseits wird zur Zeit Samsuilunas eine Klage schon damit zur Abweisung gebracht, daß der Beklagte eine Urkunde über das angefochtene Rechtsgeschäft produziert[4]. Der Zeugen bedarf es dort nicht.

Die Lex Salica berichtet in 14, 4 von einem Beweis mittels Königsurkunde, und nur sie lieferte vollen Beweis.

---

1) Für das salische Recht ist darüber kein Zweifel. Für das babylonische Recht vergl. Ḫ. 9, 10, 112, 116, 120, 122—124. In KU. No. 1054 heißt es: „Die Richter hörten aus ihrem (der Zeugen) Munde, daß eine spätere Teilung tatsächlich stattgefunden hatte, und sagten ihnen alsdann, daß sie ihr Zeugnis vor dem Gotte Udbanuïl auszusagen hätten."

2) Die scharfe Unterscheidung bei Brunner, RG.[1] II, 391 ff. Für das salische Recht speziell S. 395.

3) KU. No. 708 S. 191.

4) KU. No. 724 S. 196. Entkräftung einer früheren U. durch eine spätere (nebst Zeugen) in KU. (neue Serie) No. 1054.

Wer sie anfocht, büßte mit dem Leben[1]. Alle anderen Urkunden konnten angefochten, d. h. gescholten werden. Der Produzent, der trotzdem seine Urkunde aufrecht halten wollte, wurde zum Beweise der Echtheit zugelassen, ein Beweis, der sich anders gestaltete, je nachdem die Schelte schlicht oder förmlich erhoben worden war[2].

Vom Institut der Urkundenschelte enthält das babylonische Recht nichts. Wie wenig im übrigen der Urkundenbeweis in das altdeutsche Beweisrecht hineinpaßte, hat Brunner gezeigt[3].

VI. Die Verteilung der Beweisrollen im Prozesse läßt einen gleichartigen Dualismus erkennen. Bald darf sich der Beklagte mit Eid oder mit Gottesurteil vom Klagevorwurf reinigen, bald wird der Kläger zur Überführung des Beklagten mit Zeugen zugelassen. Das System der Reinigung durch Eid oder Ordal, wie das System des Zeugenbeweises ist von beiden Völkern angenommen. Leider fehlen ausreichende Quellen, um das diesem Dualismus zugrunde liegende prozessuale Prinzip klar zu erkennen. Jedenfalls kann aber weder für das babylonische noch für das salische Recht der Grundsatz aufgestellt werden: der Beklagte ist näher zum Beweise[4].

1. Der Reinigungseid des Beklagten begegnet bei Ḫammurapi achtmal (Ḫ. 20, 103, 131, 206, 207, 227, 249 und 266), das Gottesurteil, wie erwähnt, zweimal.

---

1) Brunner, a. a. O. 420.

2) Vergl. Extravaganten B zur Lex Sal. 3 und 4. Dazu Brunner a. a. O. 421, und Brunner, Schwurgerichte 65.

3) a. a. O. 420 ff.

4) Für die Lex Salica sind vor allem die Ausführungen von Loening, Reinigungseid S. 99 f. zu beachten. Die dort erläuterten Stellen des Volksrechtes, zusammen mit den Darstellungen von Brunner, RG.[1] II, 371 f. und 395, namentlich auch den angeführten Formeln (Anm. 22) ergeben meines Erachtens den sichern negativen

Beispiele H. 20. Gesetzt, der Sklave ist aus der Hand dessen, der ihn gefaßt hat, entflohen, so soll der Betreffende dem Herrn des Sklaven bei einem Gotte einen Schwur leisten und daraufhin unbehelligt gelassen werden.

u. H. 266. Gesetzt, in einer Viehhürde ist eine „göttliche Berührung" eingetreten, oder ein Löwe hat gemordet, so soll der Hirt vor einem Gotte einen Reinigungseid leisten, dann soll den in der Hürde entstandenen Schaden der Eigentümer der Hürde ihm abnehmen.

Gottesurteil oben S. 11.

Beispiel für den Reinigungseid im salischen Rechte 42, 5: Si quis villam alienam expugnaverit et res ibi invaserit, si tamen probacio certa non fuerit, cum XXV iuratores medius electus exsolvat. Si iuratores non potuerit invenire, MMD dinarios qui faciunt solidos LXII cum dimidio culpabilis iudicetur.

Der Beklagte wird hier aber zur Reinigung mit 25 Eideshelfern nur zugelassen: si tamen probacio certa non fuerit, d. h. wohl, wenn der Kläger einen Beweis mit Zeugen nicht erbringen konnte.

Reinigung durch Gottesurteil (Kesselfang), das aber abgekauft werden durfte.

53, 1: Si quis ad hineum admallatus fuerit, forsitan convenit, ut ille qui admallatus est manum suam redemat et iuratores debeat dare; si talis causa est unde legitimi DC dinarios qui faciunt solidos XV si adprobatus fuerit

---

Schluß, daß aus dem salischen Rechte ein allgemeiner Grundsatz für die Verteilung der Beweisrollen nicht erkennbar ist. Für das babyl. Recht braucht man nur etwa H. 20, 103 und 131 gegen H. 9, 10, 108, 240 zu halten, um ebenfalls zu diesem negativen Ergebnisse zu gelangen.

Reinigung des Beklagten auch in KU. No. 706, 716 und 718.

reddere debuerat, CXX dinarios h. e. solidos III manum suam redemat.

2. Die Überführung des Beklagten durch den Kläger mittels Zeugen erwähnt der Kodex Ḫammurapi in 9, 10, 106 und 124, (Text v. 9 S. 52), mittels Parteieides in 120. Sehr häufig wird die Formel gebraucht: man soll ihn (den Beklagten) überführen[1] oder der Kläger soll ihn überführen[2]. In beiden Wendungen ist vermutlich ein prinzipales Beweisrecht des Klägers mit Zeugen ausgesprochen.

Im salischen Rechte haben wir unzweifelhafte Belege für den Zeugenbeweis des Klägers z. B. in Tit. 9, 8 (Cod. 2[3]) und 36.

9, 8 (Cod. 2). Si vero per inimiciciam aut per superbia sepem alienam aperuerit et in messe, in prato, in vinia vel qualibet laborem pecora miserit, cuius labor est, si convictus eum fuerit ad testibus, stematum damnum reddat et insuper dinarios MCC faciunt solidos XXX culpabilis iudicetur.

36. Si quis homo ex quolibet quadrupedem domesticum fuerit occisus et hoc per testibus fuerit adprobatus, medietatem conpositionis dominus ipsius quadrupedis cogatur exsolvere, ipsum vero quadrupedem pro alia medietatem requirenti restituat.

Auch das salische Recht weist, wie das babylonische eine ständige Beweisformel auf. Sie lautet: si quis .... fecerit et ei fuerit adprobatum. Kann auch aus dieser

1) Ḫ. 42, 108, 112, 113, 133b, 141, 194, 255 und 265.

2) Ḫ. 116 und 282.

3) Brunner a. a. O. 395 vermutet fremdrechtlichen Einfluß. Lex. Sal. 2, 12 und 33, 2 dürfen nicht hierher gezogen werden. Der Kläger beweist hier nicht mit seinen Zeugen den Diebstahl, sondern nur, daß das gestohlene Schwein ein Votivschwein, und der gestohlene Hirsch ein Jagdhirsch war.

Wendung ein Beweisrecht des Klägers nicht ganz allgemein angenommen werden[1], so deuten doch andere Stellen auf eine Beweisführung, die sich aller Wahrscheinlichkeit nach auf des Klägers Zeugen stützte, z. B. 8, 1 und 48 Zusatz 2[2].

3. Bei den Babyloniern wie bei den Franken wird der Eid auch als Offenbarungseid verwendet. Z. B. Ḫ. 23[3]: Gesetzt, der Räuber ist nicht gefaßt worden, so soll der Beraubte das, was ihm abhanden gekommen ist, vor einem Gotte genau angeben; dann werden die Ortschaft und der Polizeipräfekt, in deren Bezirk oder Gebiet der Raub stattgefunden hat, das, was ihm abhanden gekommen ist, ihm ersetzen.

Lex Sal. 58, 1: Si quis hominem occiderit et totam facultatem data non habuerit unde tota lege conpleat, XII iuratores donare debet quod nec super terram nec subtus terram plus facultatem non habet quam iam donavit.

VII. Endlich teilen beide Völker die Anschauung, daß der Eid keinen unumstößlichen Beweis liefere. Aus dem salischen Rechte wissen wir, daß die Schwurpartei des Meineides überführt werden konnte. Glückte der Meineidsbeweis, so war der Prozeß für den Meineidigen verloren, und er verfiel in eine Buße von 15 Schillingen[4].

---

1) So richtig Brunner a. a. O. 371. Daß diese Formel aber ein Beweisrecht des Klägers in sich schließen konnte, ergibt sich z. B. aus 9, 1: Si vero confessus non fuerit et ei fuerit adprobatum. Oder aus 9, 3: Si vero negaverit et ei fuerit adprobatum. Daß probare bedeutet: der Gegenpartei den Beweis erbringen, ergibt sich aus 45, 2 Em.: omnem substantiam suam promittit, si illi supradicta probare non potuerit.

2) Vergl. Loening, Reinigungseid 99.

3) Vergl. ferner Ḫ. 126, 240 und 281.

4) Vergl. Tit. 48, de falso testimonio, besonders c. 3.

Aus dem babylonischen Rechte gibt Aufschluß Ḫ. 126. Gesetzt, jemandem ist irgend etwas ihm Gehöriges nicht abhanden gekommen, und er hat dennoch erklärt: „Etwas mir Gehöriges ist abhanden gekommen“ (und) hat einen Verlust seinerseits unrechtmäßigerweise angegeben (?), so soll er demgemäß, daß etwas ihm Gehöriges nicht abhanden gekommen ist, (dennoch) seinen (angeblichen) Verlust vor einem Gotte genau angeben; dann soll er das Betreffende, was er reklamiert hatte, doppelt zu seinem Schaden geben.

Die nicht ganz klare Bestimmung muß im Zusammenhang mit Ḫ. 125 (oben S. 45) betrachtet werden[1]. Der Deponent behauptet den Verlust seines Depositums, welches beim Depositar gestohlen worden sei. In einem Offenbarungseide gibt er die Größe des Verlustes „genau an“. Wird dieser Eid umgestoßen — durch welches Mittel und in welchem Verfahren, wissen wir nicht — so hat der Meineidige dem Depositar das angeblich abhanden gekommene Gut doppelt zu erstatten[2].

Der Glaube, daß die Gottheit im E i d e unfehlbar die Wahrheit offenbare, war demnach bei den Babyloniern wie bei den Franken zur Zeit der Kodifikation ihres Rechtes bereits erschüttert. Das Gegenteil gilt von der Beweiskraft des G o t t e s u r t e i l s.

VIII. Der Prozeß nahm eine andere Form an, je nachdem der Verbrecher bei Begehung der Tat überrascht wurde oder nicht[3]. Der auf der Tat Ertappte macht seine

1) So auch Stoss, a. a. O. 12.

2) In U. No. 713, KU. S. 192 werden Zeugen vereidigt. „Aber“, heißt es, „die Richter waren mit den Zeugen nicht zufrieden.“ Die Gegenpartei wird dann zum Schwur zugelassen.

3) Bernhöft erklärt in Z. vergl. RW. II, 297, daß es eine weitverbreitete indogermanische Rechtsidee sei, daß bei Diebstahl der Ertappte schlimmer behandelt wurde.

verbrecherische Handlung zu einer offenkundigen, unwiderleglichen. Er galt daher als überführt. Das deutsche Recht forderte für die Kundbarmachung dieser sogenannten handhaften Tat die Erhebung des Gerüftes[1]. Wer den handhaften Verbrecher faßte, der mußte mit Geschrei die Nachbarn zusammenrufen. Dadurch wurde dessen Bindung oder Tötung eine rechtmäßige. Das babylonische Recht weiß nichts von einem Gerüfte. Es verlangt also nicht eine bestimmte Form der Offenkundigkeit. Aber es zeigt darin eine Übereinstimmung mit der germanischen Anschauung, daß es den ertappten Verbrecher anders behandelt als den nicht ertappten.

H. 21, 22, 25, 129, 130 u. 155 im Vergleich mit 131, 132.

21. Gesetzt, jemand ist in ein Haus eingebrochen, so wird man ihn vor der betreffenden Einbruchsstelle töten und dann (dort) verscharren.

22. Gesetzt, jemand hat einen Raub verübt und ist darauf gefaßt worden, so wird der Betreffende getötet.

25. Gesetzt, in jemandes Hause ist ein Feuer ausgebrochen, darauf hat jemand, der zum Löschen gekommen ist, sich nach einem Besitzstück des Hauseigentümers gelüsten lassen und darauf das Besitzstück des Hauseigentümers sich genommen, so wird der Betreffende in jenes Feuer geworfen.

129. Gesetzt, jemandes Ehefrau ist dabei ertappt worden, wie sie bei einem anderen Manne ruhte, so wird man sie (beide) binden und dann ins Wasser werfen; gesetzt, der Eigentümer(!) der Ehefrau will seine Ehefrau

---

1) In der Formula Turonensis 30 heißt es: sed venientes homines ibidem commanentes, qui in initio litis ibidem fuerunt vel qui ad ipsos huccos cucurrerunt. Der Satz A. Schultzes ist sicher richtig (Festgabe für Felix Dahn S. 27): Ohne Gerüfte kein Verfahren auf handhafter Tat.

am Leben lassen, so wird auch der König seinen Knecht am Leben lassen.

130. Gesetzt, jemand hat die Ehefrau eines anderen, die vom Manne noch nichts weiß, sondern in ihrem Vaterhause wohnhaft ist, vergewaltigt, hat sodann in ihrem Schoße geruht und dann hat man ihn ertappt, so wird der Betreffende getötet; das betreffende Weib wird unbehelligt gelassen.

155. Gesetzt, jemand hat einem Sohne von sich eine Braut gefreit, und dann hat sein Sohn sie „erkannt", hernach (aber) hat er selbst in ihrem Schoße geruht, und dann hat man ihn ertappt, so wird man den Betreffenden binden und ihn (!) dann ins Wasser werfen.

131. Gesetzt, die Ehefrau jemandes ist von ihrem Ehemann bezichtigt (?) worden, ohne daß sie dabei ertappt worden ist, wie sie bei einem andern Manne ruhte, so soll sie bei einem Gotte schwören, dann wird sie in ihr Haus zurückkehren.

132. Gesetzt, auf die Ehefrau jemandes ist wegen eines anderen Mannes der Finger ausgestreckt worden, ohne daß sie dabei ertappt worden ist, wie sie bei einem anderen Manne ruhte, so soll sie für ihren Ehemann in den „Strom(gott)" eintauchen.

Die zwei letztgenannten Stellen gehen von der Voraussetzung aus, daß der Verbrecher nicht auf frischer Tat ertappt wurde, während die erstgenannten gerade diesen Fall im Auge haben. Aus dem salischen Rechte weisen folgende Normen auf die handhafte Tat hin:

L. Sal. 32, 1; 27, 5 (Cod. 2); 36, 5 (Em. N.[1]) und Pactum pro tenore pacis c. 2 (Cod. 3, 6, Em. N^a, EE^a u. H^a)[2], Chlothar. Ed. c. 22 (Capit. I, 23).

---

1) Vergl. Hessels a. a. O. Sp. 206.

2) Dazu Sohm, Prozeß der Lex Salica 135.

32, 1. Si quis hominem ingenuum sine causa ligaverit, MCC dinarios qui faciunt solidos XXX culpabilis iudicetur.

27, 5 (Cod. 2). Si quis messe aliena in furtum meterit et inventus fuerit, dinarios DC faciunt solidos XV culpabilis iudicetur.

36, 5 (Em. N.). Si quis in curte alterius post solis occasum in furtum ingressus fuerit et ibidem fuerit inuentus, MDCCC din. qui fac. sol. XLV culp. iud.

Pactum pro tenore pacis: Si quis ingenuum de furtum ligaverit et negaverit iuratores medius electus dare debet, quod furtum quod obiecit verum sit. Et sic latro redimendus est, si facultatem habet et si facultas deest, tribus malos parentibus offeratur, et si non redemitur, vita charebit.

Chlothar. Edict. Neque ingenuos neque servus, qui cum furto non depraehinditur, ad iudicibus aut ad quemcumque interfici non debeat inauditus [1].

Nach beiden Rechtssystemen darf also der ertappte Verbrecher gebunden werden [2]. Ḫammurapi gestattet offenbar in einigen der genannten Fälle sogar eine sofortige Tötung [3] und zwar vermutlich durch den Verletzten selbst. Wurde aber der gefaßte Täter vor Gericht gebracht, was wohl grundsätzlich der Fall war, so versagten ihm die Babylonier wie die Franken den Reinigungseid. Die offenkundige Tat vertrat die Stelle der Klage [4]. Ein Gegenbeweis von seite des Überführten war ausgeschlossen [5]. Vielleicht ist diese Behandlung des ertappten

1) Siehe auch den typischen Fall der Formula Turonensis 30.

2) Dann eben ist die Bindung keine sine causa (Lex Sal. 32, 1).

3) Brunner a. a. O. 684 zeigt, daß das älteste deutsche Recht auch auf dem Standpunkte der Tötung stand.

4) Vergl. dazu Scherer, Die Klage gegen den toten Mann S. 109. Beyerles Beiträge IV, 2.

5) Durch den salischen Zwölfereid wurde die Schuld des Gefangenen beschworen.

Verbrechers bei Ḫammurapi wie sicher bei den Franken aus dem Gedanken der Friedlosigkeit erwachsen [1].

Siebentes Kapitel.

Rückblick und Überblick.

Die große Fülle der Übereinstimmungen babylonischer und salfränkischer Rechtsideen, wie sie im vorhergehenden entwickelt wurden, sei hier noch einmal übersichtlich dargelegt.

I. Gesetzestechnisch in wichtigen Zügen gleichmäßig ausgearbeitet, stellen sich der Codex Ḫammurapi wie die Lex Salica dar als Friedensordnungen, deren Träger die Gesamtheit ist. Sie enthalten Normen, welche sich, nach Auffassung der Völker, der Mensch nicht selbst zu geben vermag. Das Recht ist göttlichen Ursprungs und steht unter göttlichem Schutze. Die Gottheit inspiriert den Gesetzgeber und hilft durch ein mittelbares oder unmittelbares Eingreifen in das Rechtsleben Recht und Rechtsschein voneinander zu trennen. Sie drängt nach Verwirklichung des gegebenen Rechts unter den Menschen. (S. 6—13.)

II. Das Individuum, der einzelne Volksgenosse, ist verstrickt in einen doppelten Verband, in den Familienverband und in den Gemeindeverband. Das Blut knüpft ihn an die Familie, der Genossenschaftsgedanke an die Gemeinde. Aus dieser engen, menschlichen wie rechtlichen Bindung entsteht die Idee gegenseitigen Schutzes und gegenseitiger Verantwortung. Familie wie Gemeinde erscheinen als Verbände, welche den Rechtsfrieden gewährleisten. Und aus dieser Garantie hervor fließt das Ein-

1) Ḫ. 154 (Verbannung des blutschänderischen Vaters) bestärkt die Vermutung, daß den Babyloniern ursprünglich die Friedlosigkeit bekannt war.

stehen der Gesamtheit für den Einzelnen, die Gesamthaftung. (S. 13—20.) Aber die Struktur der Genossenschaft ist stärker als die Struktur der Familie. Der Staatsgedanke hat nicht nur im Reiche der Babylonier, sondern auch in dem weniger befestigten Gemeinwesen der Franken den Familiengedanken zurückgedrängt. Daher führen gewisse Verbrechen von Gesetzes wegen zur Ausstoßung des Missetäters aus dem Familienverbande. Das Verbrechen sprengt das Blutband und zerstört den Zusammenhang mit der Sippe. Diese vermag den Entlassenen nicht mehr zu schützen. (S. 59.)

III. In beiden Systemen ist das sinnliche Moment im Rechte stark entwickelt. Der abstrakt ausgeprägte Rechtsgedanke ist in manchen Beziehungen nicht nur den einfach denkenden Saliern, sondern auch den kulturell hochstehenden Babyloniern fremd. Viele Rechtshandlungen und Rechtszustände verlangen nach einem äußerlichen Ausdrucke, der den Volksgenossen wahrnehmbar ist. Es gilt das Prinzip der Offenkundigkeit. So geschieht der Kauf vor Zeugen; so wandern Symbole aus der Hand einer Vertragspartei in die Hand der anderen; so weisen Marken die Zugehörigkeit einer Sache zu einer bestimmten Person oder einem bestimmten Hausstande an. An den sinnlich wahrnehmbaren Vorgang knüpfen sich Recht und Rechtsfolge. (S. 20—29.)

Das gilt noch in anderer Hinsicht. Wo ein Schaden entstanden ist, da sucht das Recht nicht immer nach dem inneren Grunde, der Schuld, sondern klebt an der äußeren Hülle, am wahrnehmbaren Erfolge. Wer diesen Erfolg verursachte, nicht wer ihn verschuldete, büßt den Schaden. Beide Völker kämpfen um die Verinnerlichung ihres Rechts, indem sie dem Verschuldungsprinzip gegenüber der Erfolgshaftung Spielraum gewähren. Und die Babylonier stehen hier auf weit höherer Stufe als die Franken. Aber eine dualistische Auffassung bei der Zumessung für Schaden wie bei der Verantwortung für Missetaten beherrscht hier wie dort das Denken der Völker. (S. 29—36.)

IIII. Fest ausgeprägt ist der Begriff des Eigentums, bildet er doch im Kreise des Privatrechts das Fundament jeder Rechtsordnung. Die vornehmsten Rechtsobjekte, die Sachen, welche im Eigentum standen, schieden Babylonier wie Salier in Mobilien und Immobilien. An Form und Charakter der Sachen lehnte sich das Recht an und prägte u. a. den Satz aus, daß liegendes Gut durch einen solennen, fahrende Habe durch einen unfeierlichen Akt erworben werde. Die tatsächliche Unmöglichkeit, ein Grundstück in der Art eines beweglichen Gegenstandes zu übergeben, ließ das Bedürfnis nach einem feierlichen, durch Traditionssymbole unterstützten Rechtsvorgange erwachen. Und hier wie dort fand dabei ein Symbol Anwendung, wenn auch nicht mit der nämlichen Funktion ausgerüstet, der Stab.

Die Selbsthilfe war grundsätzlich untersagt. Die erstarkte und erstarkende Staatsgewalt ließ einen derartigen Eingriff in den garantierten Rechtsfrieden nicht zu. So war die eigenmächtige Pfändung, die Privatpfändung, ohne Vermittlung des Richters ausgeschlossen. Ja sogar die nämliche Folge war an die rechtswidrige Pfändung angeschlossen: der Gläubiger verlor seine Forderung und mußte die gepfändete Sache zurückgeben. (S. 36—46.)

V. Abhanden gekommene Fahrnis wurde im Wege des Prozesses wiedererlangt. Der babylonische Rechtsgang und das fränkische Anefangsverfahren weisen in ihren Grundlagen, wie in einer Reihe von Einzelheiten eine überraschend gleichartige Ausprägung auf. Beide zerfallen in einen außergerichtlichen und gerichtlichen Teil, wobei ersterer den Zweck hat, die Festsetzung eines gerichtlichen Termins herbeizuführen. Der unrechtmäßige Besitzer der Sache soll gezwungen werden, sich vor dem Richter zu verantworten. Die Klage ist eine solche gemischter Natur. Strafrechtliche und bürgerliche Elemente sind in ihr vereinigt. Teils ist sie gerichtet auf Entdeckung und Bestrafung dessen, der den rechtmäßigen Besitzer entwerte und der wie ein Dieb behandelt wird; teils bezweckt sie die Herausgabe der entwerten Sache. Klage und Beweissystem sind auf den Gedanken der Offenkundigkeit aufgebaut, wobei das deutsche Verfahren an Sinnfälligkeit das babylonische noch übertrifft. Ist doch das sinnliche Element bei tieferer Kulturstufe meist stärker entwickelt. (S. 46—56.)

VI. Die Familie ist vaterrechtlich organisiert. Sichere Spuren eines einstigen Mutterrechts lassen sich nicht aufdecken.

Während das babylonische und salische Familienrecht, soweit heute noch erkennbar ist, stark auseinandergehen, konnten doch drei wichtige Rechtsinstitute übereinstimmend nachgewiesen werden: die Entsippung wegen Missetaten, die Gesamthaftung der Familie in vermögensrechtlicher und personenrechtlicher Hinsicht und die Gemeinderschaft. Das letztgenannte Institut gründet sich auf den Gedanken, daß das Hausvermögen eine wirtschaftliche und juristische Einheit in der Hand des Familienoberhauptes darstellt. Und dieser Einheitsgedanke ist so kräftig ausgebildet, daß beim Tode des Oberhauptes die Erben in zahlreichen Fällen nicht zur Teilung des Vermögens schreiten, sondern in ungeteilter Gemeinschaft, als sog. Gemeinder beisammen bleiben. Diese Gemeinderschaft drängt die Dispositionsfähigkeit des Einzelnen zurück, so daß kein Gemeinder über seinen Anteil frei verfügen kann. Erst allmählich, mit der Abschwächung der festen Familienstruktur, sickert bei beiden Völkern der Teilungsgedanke durch. Das Individualinteresse steigt siegreich über das Familieninteresse empor. Das Wohl des Einzelnen drängt das Wohl der Familie in den Hintergrund. (S. 56—68.)

VII. Die Ehe ist Einzelehe. Von einer Gruppenehe wissen beide Völker nichts. Echte Polygamie findet sich bei den Franken und wohl auch bei den Babyloniern nur spärlich. Dagegen weisen die Babylonier in der unechten Polygamie, d. h. der Ehe mit einer Nebenfrau, eine den Saliern unbekannte Einrichtung auf, die der Vielweiberei, wenn auch nicht juristisch, so doch ethisch und wirtschaftlich nahekam. Anerkannt ist da und dort der Konkubinat. Die Rechtsstellung der Konkubinenkinder ist aber insofern eine ungünstige, als die Nachkommen einer unfreien Konkubine dem Stande der Mutter folgten, also unfrei waren. (S. 56—72.)

Eine wahre, vollwertige Ehe kam zustande durch Kauf. Die Frau, oder wenigstens die Gewalt über sie, war Gegenstand des Kaufvertrages. Die Raubehe, bei den Babyloniern vielleicht niemals ausgebildet, führte bei den Franken nicht mehr zu einer Vollehe. Die friedlichen nachbarlichen Verhältnisse drängten zu friedlichem Eheschlusse. Dieser zerfiel bei beiden Völkern in zwei Teile, in die Rechtsakte der Verlobung und der Trauung. Mit letzterer erfolgte die wirkliche Übergabe der Braut an den Ehemann. Als Ehefrau trat sie unter dessen Gewalt. Wurde das Weib in diesen Beziehungen eher als Objekt einer fremden Willensmacht angesehen, denn als selbsthandelnde Persönlichkeit, so war die Stellung der Witwe, die sich wieder verheiraten wollte (was Babylonier wie Salier gestatteten), grundsätzlich eine bessere: sie verlobte sich nach eigener Willensbestimmung.

Wie verschiedenartig auch die eheherrliche Gewalt hier und dort ausgebildet sein mochte, so potenzierte sie sich doch bei keinem der Völker bis zu einem Tötungsrechte. Die Munt des Mannes fand am Leben der Frau ihre eiserne Schranke.

Anerkannt war das Conubium zwischen Freien und Unfreien und damit eine beschränkte Rechtsfähigkeit der Sklaven. (S. 73—79.)

VIII. Die Ehe verschmolz die ehelichen Güter nicht zu einer Einheit. Die Ehe übte grundsätzlich auf die Eigentumsverhältnisse der Güter der Ehegatten keinen Einfluß aus. Das Eigentum blieb getrennt, und der Mann nahm das Frauengut nur in Verwaltung und Nutznießung. Nach dieser Richtung bestand das System, das wir heute mit dem Namen der Verwaltungsgemeinschaft bezeichnen. Beide Rechte kennen den Kaufpreis und die Aussteuer als eine Zuwendung des Brautvaters an die Braut, sowie eine besondere Gabe des Ehemannes an seine Frau, im fränkischen Gebiete als Morgengabe auftretend. Entwicklungsgeschichtlich betrachtet, ist die Funktion des Kaufpreises bei Babyloniern wie Saliern die nämliche gewesen: Aus einer wirklichen Kaufsumme, welche der Bräutigam an den Brautvater zahlte, verwandelte er sich in eine Gabe des Mannes an die Ehefrau, eine Gabe, welche ihr vornehmlich für den Fall des Witwenstandes eine Versorgung gewähren sollte. In dieser Beziehung eilten die Franken der Kulturepoche Ḫammurapis voran. Erst etwa hundert Jahre nach Ḫammurapis Regierung waren die Babylonier zu dieser feineren Auffassung gelangt. (S. 80—87.)

Die enge Verkettung des Frauengutes mit den aus der Ehe entsprossenen Kindern äußerte sich im Verfangenschaftsrecht. Die Verselbständigung des

Frauengutes tritt zurück hinter dem Gedanken, diese Güter den Kindern zu erhalten. So blieb bei Auflösung der Ehe durch den Tod eines Ehegatten das Frauengut zwar in der Hand des Überlebenden, war aber den Kindern verfangen, also der Veräußerung des Ehegatten entzogen. Die Witwe hatte das Recht des Beisitzes. (S. 88—94.)

IX. Wiewohl die Strafrechtssysteme in ihren Grundlagen starke Abweichungen aufweisen, so sind doch auch hier Übereinstimmungen wichtigster Art gegeben.

Eine dualistische Auffassung beherrscht beide Völker: Bei Ḫammurapi überwiegt der Gedanke der öffentlichen Strafe, bei den Saliern der der privaten Genugtuung. Aber bei den Babyloniern sind Reste vorhanden, welche auf eine private Behandlung der Missetat deuten, bei den Franken Anfänge eines öffentlichen Strafsystemes. (S. 95—96.)

Die Talionsidee, das Hauptprinzip der Babylonier, schimmert auch bei den Saliern vereinzelt durch, allerdings vielleicht durch fremde Einflüsse zugeführt. Die Möglichkeit einer Ablösung der schwersten Strafe, der Todesstrafe, durch Geld ist, bei den Franken weit verbreitet, auch den Babyloniern nicht völlig fremd.

Weder im Zweistromlande noch im salischen Gebiete bildete das Volk eine einheitliche Genossenschaft. Vielmehr war es in Stände aufgelöst. Und gerade im Strafrecht machten sich die ständischen Unterschiede schroff bemerkbar. Im allgemeinen galt der Satz, daß das Verbrechen am ständisch höher Stehenden mit höherer Strafe gesühnt werden mußte. (S. 96—102.)

X. Bei Behandlung der einzelnen Missetaten ließ sich beim Diebstahl die Unterscheidung von großem und kleinem Diebstahl feststellen. Die Übereinstimmung geht so weit, daß die nämlichen Gegenstände (Schwein, Rind,

Schaf, Schiff), die im salischen Rechte das Delikt des kleinen Diebstahls ausmachten, auch babylonisch zum kleinen Diebstahl gezählt wurden, wenn der Bestohlene der Tempel, der Hof oder ein Ministeriale war. Der Einbruch als solcher wird bestraft, gleichgültig, ob damit ein Diebstahl verbunden war oder nicht.

Über den strafrechtlichen Schutz des Körpers gegen Verletzungen ließ sich wenig sagen. Hier sei speziell noch einmal erwähnt, daß der Verletzer in gewissen Fällen die Heilungskosten zu bezahlen hatte. (S. 102—106.)

Ehebruch konnte nur die Frau begehen. Der Ehebruch des Gatten war kein Delikt. Babylonier wie Franken verpflichteten demnach nur das Weib zum Halten der ehelichen Treue. Sein Ehebruch galt als Verbrechen gegen den Ehemann, dem die Begnadigung (babylonisch) bezw. die Bestrafung (salisch) der schuldigen Frau zustand.

Die Ehre war beiden Völkern ein Rechtsgut, strafrechtlichen Schutzes würdig. Die Kränkung der Ehre durch Worte wie durch Werke fand energische Reaktion. Eine Reihe von Normen bezweckt speziell die Integrität des Weibes. Ist doch des Weibes Ehre in mancher Beziehung einer Verletzung rascher ausgesetzt und schwerer wiederherstellbar, als die des Mannes.

Endlich findet die falsche Anklage, mag sie gutgläubig oder wider besseres Wissen erhoben worden sein, ihre Bestrafung, wenn der Klagevorwurf ein schweres Verbrechen enthielt. S. 106—111.

XI. Babylonisches wie salisches Prozeßrecht ist vom Grundgedanken getragen, daß durch formale Beweismittel die materielle Wahrheit offenbart werde.

Bestimmte beweisrechtliche Handlungen waren vorgeschrieben. Gelangen diese, so war der Beweis geglückt, im anderen Falle mißlungen. Ein solches Beweissystem hängt eben auf das innigste mit der Vorstellung zusammen, daß die Gottheit die Verwirklichung des Rechts unter den Menschen verlangt und daher in den Prozeß eingreift.

So werden als Beweismittel verwendet: das Gottesurteil, der Eid, welcher bald als Partei-, bald als Zeugeneid auftritt, und die Urkunde. Das Gottesurteil hatte unumstößliche Beweiskraft; nicht aber der Eid. Gegen ihn war der Gegenbeweis zugelassen. Der im deutschen Rechte weit verbreitete Satz: der Beklagte ist näher zum Beweise, galt weder in Babylonien noch in Franken. Vielmehr war bald dem Beklagten eine Reinigung vom Klagevorwurf durch Eid oder Gottesurteil gestattet, bald durfte der Kläger mit Zeugen den Beweis antreten. Ein dualistisches Prinzip lag beiden Prozessen zugrunde. Versagt war die Reinigung dem auf frischer Tat ertappten Verbrecher. Wiederum spielt hier die Idee der Offenkundigkeit eine Rolle. Sie machte die verbrecherische Handlung zu einer unwiderleglichen. Daher galt der Missetäter als überführt. (S. 111—122.)

Achtes Kapitel.

Ergebnis.

I. Denken wir noch einmal zurück an die gewaltigen Gegensätze, welche im ersten Kapitel geschildert wurden, und vergegenwärtigen wir uns die große Summe der gefundenen Übereinstimmungen, welche sich teils in den tiefsten Grundlagen beider Rechtssysteme, teils in nebensächlicheren Einzelbestimmungen vorfanden, so tritt mit aller Macht die Frage hervor: Wie sind diese Übereinstimmungen zu erklären?

Schärfer gefaßt, muß die Frage lauten: Liegt dafür ein äußerer, rein zufälliger Grund oder eine innere Kausalität vor?

Montesquieu sagt einmal in seinem Esprit des lois: „Elles (les lois) doivent être tellement propres au peuple pour lequel elles sont faites, que c'est un très-grand hasard, si celles d'une nation peuvent convenir à une autre“ [1].

Hier wäre in der Tat ein solch außerordentlicher Zufall gegeben. Aber wer das Recht betrachtet als ein organisches Gebilde, welches aus dem innersten Wesen eines Volkes herausgewachsen ist, als ein Erzeugnis, welches das soziale Leben der Menschen nach einer ganz bestimmten Richtung hin offenbart, der kann und darf sich mit einer zufälligen Begründung nicht zufrieden geben. Wo fänden wir dann den Anfang, wo das Ende alles Zufälligen? Mag bei einzelnen Normen die Erklärung durch das Zusammentreffen zweier innerlich getrennter Causalreihen (Zufall) gestattet sein, so können doch niemals die tiefen Parallelen in den Rechtsprinzipien auf diese Weise erschlossen werden.

II. Suchen wir nach einem inneren Grunde, so treten zwei Möglichkeiten auf.

Einmal die Möglichkeit der Rezeption. Haben sich die Rechtssysteme beeinflußt, indem etwa durch das Mittelglied des griechischen und römischen und vielleicht des westgotischen Rechts babylonische Normen im fränkischen Gebiete rezipiert wurden? Ist also babylonisches Recht durch Vermittlung anderer Völker auf die salischen Franken übertragen worden? Oder, wenn diese Annahme zurückzuweisen ist, schöpfen vielleicht beide Rechtssysteme aus einer gemeinsamen Urquelle, aus einem Gesetze, das

---

1) Livre I, chap. 3.

bis jetzt historischer Forschung verschlossen geblieben ist und vielleicht immer bleiben wird?

Beide Möglichkeiten weise ich als phantastische Ideen zurück. Den Gedanken einer Rezeption altsemitischen Rechts im Zwölftafelgesetz und damit in der römischen Rechtswelt überhaupt, wie sie David Heinrich Müller zu erweisen suchte, kann ich nicht teilen[1]. Er glaubt an ein altsemitisches Urgesetz, welches, „sei es von Babylon, sei es von Kanaan aus nach Griechenland kam, daselbst die hellenischen Legislationen beeinflußte, und dann Rom erreichte, wo ein starker Niederschlag des Systems sich in den Zwölftafeln erhalten hat"[2]. Der Beweis einer solchen Beeinflussung erscheint mir nicht als geglückt. Aber selbst wer dieser Ansicht beipflichtet — und Müller hat neben scharfen Gegnern auch Zustimmungen gefunden — der muß trotzdem eine weitere Übertragung in das salfränkische Recht ablehnen.

Gerade die Lex Salica ist ein Volksrecht, dessen unrömischen Charakter die Wissenschaft längst festgestellt hat[3]. Findet sich auch vereinzelt römischer Einfluß, so können diese Ausnahmen den deutschen Typus des Gesetzes nicht erschüttern. Die Fickerschen Forschungen haben gezeigt, daß das fränkische Recht die wenigsten fremdrechtlichen Spuren in sich trägt und den kräftigsten Widerstand gegen auswärtige Rechte entwickelte[4]. Freilich übte die Gesetzgebung des westgotischen Königs

---

1) Gerade mit Rücksicht auf das Buch von D. H. Müller (Die Gesetze Hammurabis und ihr Verhältnis zur mosaischen Gesetzgebung sowie zu den XII Tafeln) warnt z. B. E. Meyer in seiner Gesch. d. Alt.[2] I, 2 S. 516 vor der Annahme einer Rezeption.

2) D. H. Müller a. a. O. S. 243.

3) Vergl. z. B. v. Halban, Das römische Recht in den germanischen Volksstaaten Teil III S. 36f., 42ff. (Gierkes Unters. 89).

4) Erbenfolge IV, 409f.

Eurich einen Einfluß auf die Lex Salica aus, eine Gesetzgebung, die ihrerseits stark romanistisch gefärbt war. Aber gerade die drei Hauptstellen des salischen Rechts, welche wohl westgotisch-römisches Recht vermittelten, Titel 39, 42, 5 und 44[1], haben im babylonischen Rechte keine Parallele gefunden.

Wie wenig auch die salische Kapitulariengesetzgebung auf römischer Basis stand, ist wiederholt gezeigt worden[2].

Bei zwei Instituten des salischen Rechtes, welche zu einer Vergleichung mit Ḫammurapi Anlaß gaben, bei der Talion und dem Urkundenbeweise, ist eine römisch-rechtliche Einwirkung anzunehmen[3]. Aber wie spärlich der Talionsgedanke in der Lex Salica entwickelt und wie gering die prozessuale Bedeutung der Urkunde ausgebildet war, wurde an entsprechender Stelle dargelegt. Umgekehrt fehlt gerade diejenige Einrichtung, welche mit die eingehendste Parallele zum babylonischen Rechte aufwies, der eigenartig ausgestaltete Rechtsgang um abhanden gekommene Fahrnis, dem römischen Rechte völlig, so daß alle Anhaltspunkte für eine Rezeption auf diesem Wege dahinfallen.

---

1) Tit. 44 wird zwar S. 94 verwendet als Beweis, daß wie im babylonischen so auch im salischen Rechte die Wiederheirat der Witwe gestattet war. Aber das Eigenartige des Titels liegt nicht in dieser Bestimmung, sondern in der Festsetzung des sog. Reifgeldes (reipus) und in der Zuziehung bestimmter Verwandtschaftsgruppen. Und gerade in der Stellung, welche die nicht sukzessionsfähigen Verwandten anlangt, zeigt sich die Übereinstimmung mit Codex Theodosianus III, 7, 1 und der zugehörigen Interpretatio. Vergl. Brunner, Berl. Sitz.-Ber. 1894 S. 1294.

2) z. B. v. Halban a. a. O. S. 48 ff.

3) Auch im Dotalrecht; vergl. die Anm. 1 S. 82, und Anm. 4 S. 92. Aber die Beeinflussung bezieht sich auf Bestimmungen, welche bei der Vergleichung nicht herangezogen wurden.

III. Der zweite innere Grund der Übereinstimmungen wäre zu suchen in der Gleichartigkeit der germanischen und semitischen Rasse. Es müßte auf eine Gemeinsamkeit der Rassenmerkmale geschlossen werden, die bis dahin übersehen wurde. Wer daran festhält, daß alles Recht dem Nationalcharakter eines bestimmten Gemeinwesens, dem sogenannten Volksgeiste[1] entsprungen ist, der kann nur darin die gemeinsame Wurzel für das Zusammengehen der mannigfachen Rechtsgedanken erblicken.

Aber wie schwer fällt es, sich mit dieser Annahme abzufinden! Die semitische und die germanische Rasse stellen Gegensätze höchster Potenz dar. Eduard Meyer hebt treffend hervor, daß die Semiten nicht nur ethnographisch eine enggeschlossene Einheit bilden, sondern auch nach Charakter und geistiger Veranlagung eine scharf ausgeprägte Eigenart aufweisen, die sie bestimmt von allen anderen Völkern scheidet[2].

Halten wir daran fest, daß die gefundenen Übereinstimmungen nach einer inneren Begründung verlangen[3], weisen wir den Zufall zurück, so erscheint mir nur noch

---

1) Eine Abhandlung über den Volksgeist bei Hegel und in der historischen Rechtsschule veröffentlichte eben Brie 1909. Ihr gegenüber scheint mir aber E. Loening richtig gezeigt zu haben, daß Hegel dem Worte Volksgeist einen anderen Sinn gibt, als Puchta und die historische Rechtsschule, daß Hegel damit den Staat, den Weltgeist auf dieser Stufe der dialektischen Entwicklung meint. JWSchr. IV, No. 3 u. 4.

2) Gesch. des Alt.[2] I, 2 S. 356. Er fügt u. a. hinzu: „Aber auch physisch ist der semitische Typus ein einheitlicher, der uns bereits in den ältesten Denkmälern ebenso ausgeprägt entgegentritt, wie gegenwärtig . . . .“

3) E. Meyer, Gesch. des Alt.[2] II, 1 S. 516 hebt hervor, daß die Bestimmungen der Freilassungsurkunden bei Meissner (Assyriol. Studien III, Mitt. Vorderas. Ges. 1905 S. 32) sich ganz mit denen zahlloser griechischer Urkunden decken. Und doch, sagt er, ist hier ein geschichtlicher Zusammenhang ganz undenkbar. „Das illustriert

ein einziger Ausweg offen zu sein. Über Nation und Rasse hinaus muß es Bedingungen allgemeingültigerer Natur für die Rechtserzeugung geben. Die Grundformen des geistigen Soziallebens, dem alles Recht entspringt, sind von Rasse und Nation unabhängiger, als die historische Rechtsschule annimmt. Die Gleichartigkeit des Rechts bei der schroffen Ungleichheit der Rasse kann nur aus einem gemeinsamen menschlichen Untergrunde erklärt werden.

Deswegen möchte ich aber nicht die Behauptung aufstellen, daß der menschliche Geist ganz allgemein, im wesentlichen gleichartig organisiert sei, wie Bierling[1] annimmt, oder daß es ein allgemeines menschliches Rechtsbewußtsein gebe, wie Post in seiner ethnologischen Iurisprudenz[2] zu beweisen versucht. Die gewaltigen Abweichungen, welche gerade unsere Rechtssysteme, z. B. im Familienrecht, aufweisen, lassen sich sonst nicht begreifen, abgesehen von der ungeheuren Differenzierung im Rechte der Völker überhaupt. Auch kämen wir mit dieser Anschauung, man mag sie wenden und winden, wie man will, auf ein Naturrecht in moderner Form zurück. Die Idee unwandelbarer, über Zeit und Raum erhabener oder auch nur vom Raum unabhängiger Normen

---

sehr drastisch, wie vorsichtig wir mit der Annahme historischer Beeinflussungen und Übertragungen sein müssen, wo doch nur parallele Entwicklungen vorliegen, die auf rechtlichem Gebiet so gut wie auf religiösem unendlich oft zu geradezu identischen Bildungen führen." Meyer sind also solche Übereinstimmungen auch aufgefallen. Er lehnt die Rezeption ab, wirft dann aber nicht die weitere Frage auf, wie sich diese Parallelen historisch erklären lassen. Und diese Frage interessiert doch auf das höchste.

1) Von diesem Gedanken ist Bierlings Prinzipienlehre beherrscht.

2) Grundriß der ethnologischen Iurisprudenz, 2 Bände, 1894 u. 1895, vergl. namentlich B. I S. 4ff.

scheint mir aber durch die geschichtliche Rechtswissenschaft endgültig widerlegt zu sein[1].

Daher muß ich die rechtsbildenden Kräfte, die von nationalen Charakter- und Rasseneigenschaften unabhängig sind, auch als bedingte ansehen. Eine Allgemeingültigkeit, aus der Natur des einzelnen Menschen[2] oder aus der Natur des Soziallebens überhaupt resultierend, kann ihnen nicht zugesprochen werden. Da diese rechtsbildenden Elemente als allgemein menschliche nicht anzuerkennen sind, andererseits ihre Ableitung aus Rasse und Nation unmöglich ist, so muß sich hier ein Zwischenglied finden, das ich das unnationale nennen möchte.

Die Rechte der Völker scheinen mir mit den bisherigen Mitteln der historischen Schule nicht genügend erklärt zu sein. Es ist nicht möglich, alle Rechte aus dem speziellen Nationalcharakter eines Volkes abzuleiten. Über die einzelne Nation hinaus gibt es Kräfte allgemeinerer Natur, welche sich gleichmäßig durchsetzen bei Völkern mit völlig ungleichen nationalen Anlagen. Ich bin nicht imstande, über das Wesen dieses unnationalen Elements im Rechte nähern Aufschluß zu geben. Die Erforschung dieses Elements, das Aufsuchen der Bedingungen, unter denen es wirksam wird, gehört jedenfalls zu den schwierigsten Aufgaben der Wissenschaft. Nur ein Zusammenarbeiten sämtlicher Wissensgebiete kann hier zum Ziele führen, wobei die vergleichende Rechtswissenschaft

---

1) Wenn ich auch die Anschauung von dem, allen Menschen gleichmäßig zukommenden Gerechtigkeitsgefühle teile, so betrachte ich doch die positiven Außerungen dieses Gefühls als durch Zeit und Raum bedingte. Vergl. hierzu vor allem Stammler, Die Lehre von dem richtigen Rechte S. 147ff., ein Buch, dem ich viele Anregungen verdanke.

2) Für die Unmöglichkeit, einen absolut gültigen Rechtsinhalt zu begründen, vergl. Stammler, Wirtschaft und Recht S. 176ff.

ihre besten Dienste leisten wird. Aber eins glaube ich jetzt schon hervorheben zu dürfen, daß zahlreiche sakrale Vorstellungen diesen unnationalen rechtsbildenden Kräften beizuzählen sind.

So wenig es mir gelungen ist, in dieser letzten Frage auch nur entfernt eine positive Lösung herbeizuführen, so darf ich doch nach drei Richtungen hin die Ergebnisse dieser Rechtsvergleichung als gesichert ansehen.

1. Neben Nation und Rasse wirken unnationale Elemente auf die Rechtsbildung eines Volkes ein.

2. Unter den verschiedensten Rasse- und Kulturverhältnissen sind sowohl in den Grundlagen der Rechtsordnung wie in einzelnen Normenkomplexen weitgehende Übereinstimmungen möglich.

3. Gemeinwesen mit hochentwickelter staatlicher Organisation können mit Staaten einfachster Ordnung bedeutsame Parallelen im Rechtssysteme aufweisen. Der Satz ist falsch: der höhere Staat bedingt durchweg eine höhere Rechtsstufe.

Anhang.

Auf zwei Dinge mag noch hingewiesen werden, wiewohl sie aus dem eigentlichen Rahmen unserer Untersuchung herausfallen.

I. Das Lehnswesen.

Die Babylonier hatten zur Zeit Ḫammurapis ein Lehnssystem entwickelt, welches in wichtigen Zügen mit dem fränkischen Lehnssystem, das sich seit dem 8. Jahrhundert auszubilden begann, übereinstimmt.

Die babylonischen Lehen waren Amtsgüter, bestehend aus Feld, Garten oder Haus. Auch Vieh konnte dazu gehören (Ḫ. 30, 31, 35, 37).

Oberster Lehnsherr war der König[1]. Unter ihm standen andere Herren mit aktiver Lehnsfähigkeit. Auch das babylonische Recht weist demnach eine Lehnshierarchie auf[2].

Belehnt waren jedenfalls in erster Linie die Krieger des Königs. Somit steht der militärische Charakter des Lehns, wenn auch nicht so ausschließlich, wie im fränkischen Reiche, fest.

Die Krieger bildeten eine dem König nahestehende Klasse von Berufskriegern[3] und standen unter seinem besonderen Schutze. So mußte der König z. B. gefangene Krieger, die durch einen Geschäftsmann zurückgekauft

1) Ich folge dabei der Übersetzung Wincklers, der in Ḫ. 40 tamkar als königlicher Beamter wiedergibt. Ähnlich Ungnad S. 147.

2) In Ḫ. 40 übersetzt Ungnad: ein anderer (nicht königlicher) Lehnsträger. Daraus geht hervor, daß nicht jeder Lehnsmann unmittelbar vom König belehnt war.

3) Der Charakter als Berufskrieger muß sich für die Belehnten ergeben aus der Tatsache, daß im babylonischen Reiche die allgemeine Wehrpflicht bestand.

worden waren, auslösen, wenn weder die eigenen Mittel des Gefangenen noch die Mittel des heimatlichen Tempels zum Loskaufe ausreichten (H. 32)[1].

Das Lehnverhältnis ruhte auf dinglicher, wie auf persönlicher Grundlage.

Die Lehnspflicht war auf das Lehnsgut radiziert. Von ihm wurden die Dienste geleistet (H. 30). „Die Lehnsstellung war mit Feld, Garten oder Haus verbunden" (H. 40).

Anderseits waren die Leistungen streng persönlicher Natur. Die Dienste des Lehnsmannes selbst, nicht eines gedungenen Vertreters wurden gefordert. (H. 26 und 33). Verweigerung der Dienstpflicht in der Weise, daß der aufgebotene Lehnsmann nicht auszog oder einen Ersatz stellte, wurde mit dem Tode bestraft (H. 26). Aus diesen Bestimmungen darf auf ein eigenartiges Treuverhältnis zwischen Lehnsmann und Lehnsherrn geschlossen werden, ein Verhältnis, welches ja im deutschen Lehnsrechte so stark entfaltet war.

Neben den Kriegern, welche in die Klasse der Fußsoldaten und der Fänger zerfielen, gab es Zinsleute (Tributäre), die auch Lehen innehatten (H. 36—38). Es trat damit neben das militärische ein unkriegerisches Element, welches dem deutschen Lehnssystem von Haus aus fremd war.

Die Lehen waren grundsätzlich unveräußerlich[2] und unverpfändbar (H. 32, 36—38). Sie vererbten sich nur im Mannesstamme, auf einen lehnsfähigen Nachfolger (H. 28, 38). Bei Minderjährigkeit des Lehnsfolgers trat eine Art Lehnsvormundschaft durch die Mutter ein. Sie

1) Für den starken Schutz des Kriegers gegen Übergriffe seiner Vorgesetzten H. 34.

2) Ausnahme H. 40.

mußte den Minderjährigen großziehen und erhielt dafür ein Drittel der Einkünfte des Lehns [1].

Die Größe der Lehngüter ist schwer zu bestimmen. Mit Weber nehme ich an, daß es durchschnittlich kleinere Güter waren [2].

Aus den babylonischen Urkunden läßt sich leider das Bild des Feudalsystems kaum vervollkommnen und fester umgrenzen. Aber die im Kodex Ḫammurapi überlieferten Normen weisen Grundlagen auf, welche den fränkischen überraschend ähnlich sehen [3].

II. Das Binden der Ehebrecher.

Der Kodex Ḫammurapi enthält in 129 folgende Norm:

Gesetzt, jemandes Ehefrau ist dabei ertappt worden, wie sie bei einem andern Manne ruhte, so wird man sie (beide) binden und dann ins Wasser werfen; gesetzt der Eigentümer der Ehefrau will seine Ehefrau am Leben lassen, so wird auch der König seinen Knecht am Leben lassen.

Die auf der Tat ertappten Ehebrecher werden demnach gebunden und ins Wasser geworfen, wo sie den Tod finden sollen. Aus dem babylonischen Texte geht hervor, daß beide gebunden werden. Nicht jedoch ist ihm zu entnehmen, daß sie zusammengebunden werden. Jedoch ließe das Verbum diese Bedeutung zu [4].

Läge ein Zusammenbinden der Ehebrecher vor, so

---

1) So verstehe ich Ḫ. 29. Es ist nicht anzunehmen, daß die Substanz des Lehns geteilt wurde.

2) Max Weber im Handw.-B. der St.-Wiss. [3] I S. 75.

3) E. Meyer weist in seiner Gesch. des Alt. [2] I, 2 S. 567 mit Recht auch auf die Verhältnisse bei den römischen Landanweisungen an die Veteranen hin.

4) Gütige Mitteilung von Ungnad.

hätten wir eine höchst bedeutsame Übereinstimmung mit dem germanischen Rechte.

Scherer hat in seiner Abhandlung über die Klage gegen den toten Mann die wichtigsten Stellen zusammengetragen, welche eine solche Bindung der Missetäter enthalten [1]. Die von ihm beigebrachte und übersetzte Stelle aus dem schwedischen Rechte lautet:

„Dann soll er (der Totschläger) ihn (den erschlagenen Ehebrecher) mit dem Weibe zusammenbinden und zum Thing führen."

Oder: „Dann soll er sie zusammenbinden tot und lebendig oder alle beide tot und so zum Thing führen" [2].

Das dänische Recht stimmt damit überein [3].

Und das Meißener Rechtsbuch (IV cap. 11, Dist. II) sagt [4]: „Begrifft eyner eyn by syme wibe, unde begriffe her sy beyde mit der worhaften tad, unde sluge sy beyde zcu tode uff enander, he sal sich uffe sy secczen mit siner gewere unde dy sal he in siner hand habe, unde sal sende noch deme gerichte, unde sal clagen mit dem geruffte . . . ." Etwas später heißt es dann: „. . . he sulle sy bindin uf enander . . ."

Scherer führt dazu noch das Iglauer und Prager Rechtsbuch an, als Quellen, welche vermutlich ebenfalls das Zusammenbinden der Ehebrecher festsetzten [5]. Aus dem Vorkommen dieses Formalismus in den ostnordischen und deutschen Rechten zieht er hauptsächlich den Schluß, daß das Verfahren gegen den Toten ursprünglich ein gemeingermanisches Institut war. Den Formalismus begründet

1) Deutschrechtliche Beiträge v. C. Beyerle B. IV Heft 2, 1910.
2) Scherer a. a. O. 85.
3) Scherer a. a. O. 94.
4) Scherer a. a. O. 149.
5) Vgl. S. 146, 148 und 181.

er damit, daß durch die Bindung der verbrecherische Zustand gleichsam perpetuiert werden soll.

Die nämliche Idee könnte, wenn das Zusammenbinden feststände, das babylonische Recht beherrscht haben. Leider geben uns weder der Kodex Ḫammurapi noch die Urkunden näheren Aufschluß darüber. Jedenfalls gehen das babylonische wie das germanische Recht von der Voraussetzung aus, daß die Ehebrecher auf frischer Tat ertappt wurden.

Frommannsche Buchdruckerei (Hermann Pohle) in Jena. — 3729